# 现代企业管理信息化转型发展新视野

庄树伟　罗利远　陈晓艺◎著

中国建材工业出版社
北　京

**图书在版编目（CIP）数据**

现代企业管理信息化转型发展新视野/庄树伟，罗利远，陈晓艺著. --北京：中国建材工业出版社，2024.6

ISBN 978-7-5160-4068-3

Ⅰ.①现… Ⅱ.①庄… ②罗… ③陈… Ⅲ.①企业管理—管理信息系统—研究 Ⅳ.①F272.7

中国国家版本馆 CIP 数据核字(2024)第 050514 号

## 内 容 简 介

本书是企业管理方向的著作，主要研究现代企业管理信息化转型发展，本书从信息时代企业管理概述入手，针对企业管理信息系统及其应用进行了分析研究；另外，对企业专利信息化管理、信息化时代企业的人本与文化管理、大数据信息时代企业的内部控制做了一定的介绍；还对信息时代企业业绩评价提出了一些建议。旨在摸索出一条适合现代企业信息化管理工作创新的科学道路，帮助其工作者在技术应用中少走弯路，运用科学方法，提高效率。

**现代企业管理信息化转型发展新视野**
XIANDAI QIYE GUANLI XINXIHUA ZHUANXING FAZHAN XIN SHIYE
庄树伟　罗利远　陈晓艺　著

出版发行：中国建材工业出版社
地　　址：北京市西城区白纸坊东街2号院6号楼
邮政编码：100054
经　　销：全国各地新华书店
印　　刷：北京四海锦诚印刷技术有限公司
开　　本：787mm×1092mm　1/16
印　　张：8.5
字　　数：160 千字
版　　次：2024 年 6 月第 1 版
印　　次：2024 年 6 月第 1 次
**定　　价：88.00 元**

---

**本社网址：www.jccbs.com，微信公众号：zgjcgycbs**

# 前　言

现代企业管理的重中之重是经济管理。经济管理主要以实现企业经济效益为目的。在社会的发展过程中，很多企业也在寻求改革，力求跟上时代的步伐；同时，作为企业管理的重点所在，经济管理也在发展。在经济管理发展的过程中，信息化管理发挥的作用越来越明显，在各类型企业中得到了全面推广，标志着企业步入信息化时代。

大众创业、万众创新是经济发展的动力之源。没有创新，就没有如此丰富多彩的世界；没有创新，资源也就不再是资源。创新驱动是我国经济持续发展的必经之路。在把创新的重要性推到如此高度的今天，人们不再怀疑创新的重要性，但如何管理创新仍然是值得持续讨论的问题。

本书是企业管理方向的著作，主要研究现代企业管理信息化转型发展，本书从信息时代企业管理概述入手，对企业管理信息系统及其应用进行了分析研究；对企业专利信息化管理、信息化时代企业的人本与文化管理、大数据信息时代企业的内部控制做了一定的介绍；对信息时代企业业绩评价提出了一些建议。旨在摸索出一条适合现代企业信息化管理工作创新的科学道路，帮助其工作者在技术应用中少走弯路，运用科学方法提高效率。

在本书写作过程中，我们虽然努力做到精雕细琢、精益求精，但是由于知识和经验的局限，不足之处在所难免，恳请读者批评、指正，以使我们的学术水平不断提高，不胜感激。本书参考借鉴了很多专家、学者的书籍，并借鉴了一些观点，在此对这些学术界前辈深表感谢！

著　者

2023 年 11 月

# 目　录

# 第一章　信息时代企业管理概述

## 第一节　信息时代数据发展与企业管理的关系

### 一、信息时代企业管理的机遇

#### （一）充分及时地挖掘客户的需求

信息时代的到来使人们不再需要通过调查问卷等形式来了解客户群，而可以更充分、及时地挖掘客户的需求。

#### （二）针对客户的需求和评价随时对产品作出改进

对信息的分析可以使生产者了解顾客需要什么以及什么时候需要，根据他们对已购买商品的评价可以对已生产的产品作出改进，针对产品需求的发展趋势可以作出新的产品设计。重要的是，这些信息可以被及时收集到。所以在现在的消费者导向市场，应充分利用信息。当然，信息对生产者有用，不仅适用于线上产品生产商，也适用于线下产品生产商。也就是说，获取信息既可以通过直接的途径，也可以通过间接的途径。

#### （三）寻找新的市场和商业机会

利用信息，企业甚至可以预知顾客的需求，这通过企业掌握的数据模式和回归分析即可实现。信息也可以帮助企业发现哪个市场适合首先推出新产品。

#### （四）高效节约地组织管理企业

企业通过对所掌握的信息的分析，可以轻易地发现组织管理中效率较低的地方，从而改进目前的管理制度和方法，使企业管理变得更加高效。特别是在物流业中，将道路状况、交通信息、天气条件以及客户的位置结合起来进行配送安排，可以减少资源的浪费。

### （五）加强企业风险管理

对企业经营的各个过程进行风险预测、风险监督和风险控制是企业管理的一个重要方面。利用信息，可以针对企业的生产经营以及接触的客户或供应商确定其风险类别。特别是在保险业，利用信息可以确定客户未来可能遭受的损失，帮助保险公司以恰当的价格和时间范围为客户提供恰当的产品，并降低索赔成本，避免客户骗保行为。当然，在除了保险业以外的其他行业，信息也是非常有用的，对于向外界提供贷款的金融行业来说，利用信息对客户进行全面分析也是当务之急。

## 二、信息在企业管理中的具体应用

### （一）真正实时地了解客户

在过去，企业普遍采用小组讨论和调查问卷的方式寻找客户。当调查结果总结出来时，往往已经过时了，而利用信息，这种状况将不再出现。信息能够帮助企业勾勒出其客户的行为和需求，充分了解客户是有效地与客户达成合作的关键，当然，企业要确保客户的隐私不被泄露。信息可以为企业提供针对个体客户的十分个性化的见解。通过互联的社交媒体数据、移动数据、网络分析和其他数据分析，企业可以充分了解每一位客户，实时知道他们想要什么以及何时想要。

### （二）改进和创新产品

信息分析可以帮助企业更好地了解客户想要的产品。通过社交媒体和博客收集人们对某款产品的评价，能够为企业提供比传统的问卷调查更多的信息。特别是这些信息是实时收集到的，企业可以立即有针对性地解决存在的问题。信息还可以帮助企业同时进行数以千计的实时模拟，测试新产品或改进数字化产品。利用可扩展的计算机资源，结合仿真算法，可以在同一时间运行和测试成千上万的不同的产品变化。每个设计只需要作出一点点调整，仿真程序可以结合所有的小改动，显示一款产品的改进。互联网线下产品，如果知道如何操作，也可以利用信息进行产品改进和创新。

### （三）确定企业面临的风险

确定企业面临的风险是今天企业开展业务的一个重要方面。为了确定一个潜在的客户或者供应商的风险，需要对客户或供应商进行特定的归类，每位客户或供应商都有自己的风险水平。如果客户或供应商被归类到一个错误的类别，无疑将增加导致错误的风险。利用信息可以根据每位客户或供应商过去和现在的实时数据有针对性地确定其风险类别。

### （四）个性化网站

企业曾经采用劈裂试验和 A/B 测试确定客户的最佳布局。利用信息，将永远改变这一过程。网络数据可以实时分析，这将使企业有一个流体系统的外观、感觉和布局变化，反映多种影响因素，可以收集每位客户对网站的建议，进而按照其建议对网站进行完善。当客户一个星期或一个月后再次访问该网站时，可能看到一个符合自己期望并与之前完全不同的网站。

### （五）改善服务支持系统

利用信息可以远程监控机器，查看机器的运行情况。使用远程信息处理能够对机器的各个不同部分进行实时监测，并将数据发送给制造商，进行实时的存储分析。当检测到机器偏离正常的运行轨道时，服务支持系统将发出警报；当不使用机器时，可以进行自动维护；当工程师对机器进行维修时，可以利用所有可获得的信息准确地知道应该进行哪些维修工作。

### （六）寻找新的市场和新的商业机会

政府部门出台了各种政策来刺激企业利用和收集大量的开放数据。21 世纪初，欧盟举办了公开数据挑战，这是欧洲最大的开放式数据竞争，激发创业者利用政府部门大量的开放式数据作出创新的解决方案。荷兰政府将重点放在积极促进文化数据的再利用和企业编程马拉松上。此外，企业还可以对已经掌握的数据进行分析，发现客户潜在的需求和愿望。信息也可以帮助企业发现在哪个市场推出首款产品，或在哪里放置产品更为合适。丹麦的维斯塔斯风力系统公司通过对信息进行分析，找到了世界上最好的使用风力涡轮机的地方。

### （七）了解竞争对手

所谓“知己知彼，百战不殆”，充分了解竞争对手，分析竞争对手当下的状况，能为企业提供一个有价值的开端。使用信息分析算法能够发现竞争对手产品价格的变化，从而改变自己的价格以及保持竞争力；也可以监测竞争对手的其他行为，如自动跟踪对手的新产品或促销活动。但这些数据都是开放的数据，因此竞争对手自然也可以跟踪到自己企业的数据。

### （八）更有效地管理企业以节省资金

企业通过分析掌握的所有数据，可以更好地管理企业各个部门。特别是使用新的信息源可以使供应链中的物流业变得更高效。卡车内的电子车载录像机可以进行定位，利用拖车和分销，负载的卡车可以更有效地结合道路状况、交通信息和天气条件以及客户的位置进行运送，大大节省时间和金钱。

## 三、企业管理中正确应用信息

信息行业的兴起会颠覆既有的企业管理体系。简单地说，信息就是打破存储壁垒，对企业多年积累的业务、财务、市场和人事等方面的信息进行深入挖掘和分析，从而发现阻碍业务发展的原因，进而对症下药，解决问题。

### （一）财务管理中信息的应用

在信息时代，首席财务官的工作职责已经从管理财务延伸到企业整体绩效的提升上。他们可以利用各种数据分析工具对企业进行分析，从而将有限的资源配置在高收益的领域，并且制定行之有效的财务流程对企业进行现金流管理、兼并管理及风险管理等。

以前，企业在大力推行财务管理的信息化和标准化时，主要强调内部统一标准的建立，以确保财务信息和业务信息的统一。但在信息时代的条件下，数据采集和分析的工具更为先进，在数据格式不统一的情况下仍能对其进行高效分析，这也就为原本信息基础架构很差的企业提供了转型升级的机会。

### （二）人力资源管理中信息的应用

全球范围内信息处理技术的迅猛发展使整个社会逐步迈入信息时代，而信息处理技术本身也成为我国人力资源管理与招聘行业制胜的重点。近些年，在人力资源管理与招聘行业中，以信息技术为支撑的产品的销量在全球范围内得到了快速增长。人力资源行业企业开始通过出售经过分析处理得到的商业报告来获取收益，这种新的商业模式的出现就是基于对商品化信息的应用。与此同时，人力资源管理与招聘行业的信息处理技术还受到一些欧美政府部门的注意。随着信息时代的来临，各国的人力资源管理与招聘行业也会告别过去依靠市场投入驱动增长的粗放发展模式，进入以技术竞争，尤其是以信息技术为代表的高壁垒竞争时代，从而使这个行业的发展更加成熟。

### （三）营销管理中信息的应用

从商业本质上来说，营销的过程就是明确需求、提供价格、完成交易、实现利润的过程。互联网金融的迅速发展逐渐改变了消费者的消费模式和行为习惯，也迅速改变了传统的商业模式。在信息时代之前，企业更多依靠客户关系或商业智能系统获得顾客信息、市场促销、广告活动、展览等结构化数据以及企业官网的一些数据，但这些信息只能满足企业日常营销管理需求的10%，并不足以洞察和发现规律。而其他90%的数据，诸如社交媒体数据、邮件数据、地理位置数据、音频视频数据等不断增加的信息数据，还有逐渐广泛应用、数据量更大、以传感器为主的物联网信息，以及风起云涌的移动5G互联网信息等，都是非结构性或者被称为多元结构性的数据，它们更多以图片、视频等形式存在。几年前这些数据一直处于被忽视的状态，但如今在信息能进一步提高算法和机器分析作用的情况下，这类数据能被信息技术所充分挖掘、运用，它们的作用日益突出，在竞争激烈的市场中变得日益宝贵起来。目前，虽然信息展示了非凡的前景和巨大作用，但是信息营销仍面临很多问题与挑战。首先面临的问题是技术和工具困境，毕竟信息技术还处在发展期，各方面技术并不太扎实，各项工具仍需要进一步完善。况且要真正启动信息营销，人们所面临的不仅仅是技术和工具问题，更重要的是转变经营思维和组织架构，只有这样才可以真正开始挖掘这座数据金矿。

## 四、信息时代的先行者

需要指出的是，我国在信息领域已经相对落后，当国内还在热衷于云计算的时候，全球领先的信息技术企业已经开始把注意力转向云计算背后的信息。“信息比云计算更重要”的判断也许有点夸张，但是可以肯定的是，云计算提供云存储等信息技术基础架构服务，信息的处理更是其核心与关键。

信息技术巨头们纷纷主动抛出橄榄枝，重金招揽信息创新企业。尤其是国际商业机器有限公司（IBM），在收购了 Netezza、Butterfly 以及 Tealeaf 等多家数据分析公司之后，近期又动作频频。

# 第二节　信息时代企业管理创新

管理随着社会的形成而形成，随着社会的发展而发展，具有鲜明的时代性，可以说管理是人类社会最基本的活动之一。信息时代的到来对管理提出了新的要求，管理逐步走向人性化、知识化、柔性化、信息化。当今世界进入了一个以高科技、信息网络、知识等为重要构成部分和主要增长动力的新经济时代，固定不变的常规型企业管理已不能适应时代的发展，管理创新势在必行。

管理创新是指企业在现有资源的基础上，发挥人的积极性和创造性，通过一种新的或更经济的方式来整合企业的资源，并有效地加以实施，以达到管理效益最大化的动态过程。企业管理是为了实现利润最大化而对企业的生产经营活动进行的包括计划、组织、协调、控制等在内的一系列行为。良好的企业管理对企业获得更高利润、不断提升竞争力和实现可持续发展具有重要的意义。管理范畴包括对市场经济活动中产生的数据进行搜集、筛选、建模、分析，最终获得能够支持企业战略和经营决策的信息。同样，信息也在改变着企业管理的思维，要求企业必须进行管理方面的创新。

创新是我国企业发展的一个重要课题。但是，我国企业长期以来的创新能力不强，企业的管理水平还比较落后。信息给我国企业带来许多机遇的同时，也使我国企业面临更大的挑战。这就要求我国企业必须创新，只有这样才能适应环境的变化，才能持续稳定发展。我国企业在新经济时代所面临的竞争是全方位的，差距是明显的，要想缩小这个差距，实现跨越式发展，根本出路在于创新，特别是管理创新。

## 一、创新概述

### （一）创新的含义

创新是一种经济发展理论，具有经济含义，属于经济范畴，反映技术、经济、社会相结合的综合效应，是经济发展的动力和源泉。根据研究目标的不同可以将创新划分为不同的类型。

熊彼特认为，所谓创新就是建立一种新的生产函数，把从未有过的生产要素和生产条件的“新组合”引入生产体系。这种新组合包括五种情况：

第一，开发一种新产品或某产品的一种新特性。

第二，采用一种新的生产方法，也就是在有关制造部门中尚未通过经验鉴定的方法，这种新的方法不需要建立在新的科学发现的基础上，但可以存在于商业上处理一种产品的新的方式之中。

第三，开辟一个新的市场，就是有关国家的某一制造部门以前不曾进入的市场。

第四，掠取或控制原材料或半制成品的一种新的供应来源，也不用关注这种来源是已经存在的，还是第一次创造出来的。

第五，实现任何一种工业的新的组织，如造成一种垄断地位或打破一种垄断地位。

创新正是通过技术创造与各种经济、社会、自然条件相结合，以推进经济和社会发展为目的，通过技术发展满足经济和社会需求的社会行为。

### （二）创新的类型

#### 1. 技术创新

技术创新是指一种新的生产方式的引入。所谓新的生产方式，具体是指企业从投入品到产出品的整个物质生产过程中所发生的突变，这种突变与在循环流转的轨道中年复一年的同质流动或小步骤的调整不同。

#### 2. 管理创新

管理创新是不断根据市场和社会变化，重新调整人才、资本和科技要素，以知识创新适应市场，满足市场需求，同时达到自身的效益和社会责任的目标的过程。

#### 3. 制度创新

制度创新，就是指随着生产力的发展，要不断对企业制度进行变革，因而通常也可以称之为企业制度再造。企业制度创新对企业来讲是极其重要的，因为企业本身就是一种生产要素的组合体，企业对各生产要素的组合，实际上就是依靠企业制度而组合起来的。正因为如此，不少人在谈到企业的定义的时候，往往都认为企业就是一个将各种生产要素按一定制度而组合起来的经营主体。由此可见，企业制度对于企业来说，是极其重要的。

## 二、数据时代进行企业管理创新的必要性

进行企业管理创新的原因主要有两个方面：一方面是信息时代为企业发展带来了机遇；另一方面是信息时代为企业管理带来了挑战。信息中蕴含着经济价值，如果企业能够通过管理创新，利用这些数据为企业的经营管理和决策提供有效信息，那么将为企业带来巨大的收益，这也是企业发展的内在需要；同时，信息给企业管理带来了一系列的问题，

企业想要在当前时代中获得生存和更大发展，就必须进行管理创新。

## （一）企业发展的内在需要

在信息时代，进行管理创新能够为企业发展带来很多好处，下面主要从企业经营管理、企业竞争力和企业人力资源管理三个方面进行分析。

### 1. 企业经营管理

企业经营管理的本质是为企业带来更多的客户，提高企业的竞争优势。而获得大量数据在于掌握和预测客户现有或者潜在的多元化的需求，并通过采用相应的策略予以满足。信息时代的经营管理创新最主要是加强对信息的有用部分的利用，因此企业可以通过专业的数据挖掘和分析等手段，获得客户的需求和偏好信息，找准切入点，进行精准营销，最大限度地满足客户要求，从而在竞争中占据优势。

### 2. 企业竞争力

在企业的市场竞争中，政府的支持和保护政策以及地理位置优势开始逐渐失去当初的重要作用。企业只有提升自身价值，才能更加长久地在竞争中占据一席之地。在信息时代，数据信息成为企业竞争力的重要构成要素之一，对数据进行科学合理地分析，除了可以挖掘客户需求，制定有效的策略以抢占市场份额外，还可以进一步优化企业数据信息资源，准确把握和预测市场情况，为企业制定更为合理、更具前瞻性的发展战略，对企业各项活动作出高效的决策，发挥企业的潜在价值，既能够节约成本，又可以促进企业的数据信息增长，提高企业的核心竞争力。

### 3. 企业人力资源管理

无论外界环境怎样改变，人才始终是企业的核心竞争力。借助数据进行人力资源管理创新，可以建立员工个人信息和工作信息数据库，从数据中获得员工的相关信息，综合挖掘员工内在诉求，预测其发展走向，尽可能地满足员工的需求。一方面，可以减少人才流失，提升员工的忠诚度；另一方面，能够吸引更多的优秀人才为其所用，能够大幅度提升人力资源管理的水平，为企业未来发展带来无限的动力和活力。

## （二）应对信息时代挑战的必然要求

信息具有数量巨大、结构复杂、时效性较强等特点，这些特点使企业在进行数据分析处理工作时面临很大的困难，同时在数据信息的运用中也存在着一些问题，而以往的企业管理已经难以满足需要，这也是企业不得不进行管理创新，实现对信息有效利用的原因。

这些问题主要体现在以下几个方面：

1. 企业数据分析要求实时性

当前社会经济发展速度非常快，企业发展的内外部环境也在不断变化，这样一来，需要企业搜集、筛选、整理和分析的数据也会快速更新，数据量不断增大。而企业要想对企业内部进行有效控制、对外部市场进行准确了解和把握，就必须对这些数据进行快速处理。由于需要处理和分析的数据量过于庞大，企业很难保证其时效性。

2. 数据整合要求提高

当前时代，网络和信息应用程度较高，数据的收集途径除了传统渠道外，还包含一些网络社交、电子商务等环境，从这些环境中所获得的数据相较于传统结构化的数据在形式上更加多样化，如视频、地理位置、图片等。

无论是何种样式的数据信息都对企业管理决策具有重要意义，而企业真正能够有效处理的只有结构化的数据，对这种非结构化或者半结构化的数据，往往缺少有效的整合和处理方式，不能使其发挥相应的价值。

3. 决策观念有待改变

任何企业的经营决策都需要有一定的基础和依据，一目了然的数据往往更容易用来辅助决策，并且将数据分析结果作为决策依据，既能够使决策更具科学性和合理性，又能够有效降低管理的风险。同时，数据分析的深度和质量，也影响着决策的水平。在信息时代，企业管理者已经不能像以往那样只通过一些简单的数据信息对企业自身发展情况进行分析，而更需要通过深度挖掘信息，更多地对横向的外部竞争环境和竞争对手进行对比分析，以更好地发现自身问题和发展机会。因此，企业需要转变其决策观念，以加强对数据的有效利用。

4. 数据安全需要得到保证

数据的增多大大增加了企业数据管理的工作量和难度，而企业的数据存在着较多含有隐私的信息，且都是通过网络和计算机进行储存的，存在一定的安全隐患。因此，在复杂的数据和网络环境下，企业需要加强信息管理创新，加强对客户和自身各项数据的安全保护，以免数据泄露或遗失，从而造成企业损失。

综上所述，信息时代给企业带来了全新的发展机遇，但也使企业管理面临新的问题，这两方面都促使企业在当前时代进行管理创新，以更好地适应时代的发展，把握发展机会，提升自身竞争力，实现可持续发展。

## 三、信息时代企业管理创新的途径

### （一）构建信息集成系统

面对信息时代庞大的数据量，企业处理和分析数据的效率对企业管理具有重大意义，想要提升信息分析的数量和质量，不仅需要充分运用云计算和数据挖掘技术，还需要通过高效的分析，为企业决策提供科学合理的预测和判断。因此，企业应该根据自身需求，构建一个信息集成系统，便于多种数据的共享和整合，从而进行更高效率的数据处理工作，在信息时代为企业把握外部环境和抢占发展先机提供支持。

### （二）改变决策方式

在信息时代，产生和传输的数据不只包括结构化数据，还包括大量的以网络、地理位置、图像、视频等形式存在的非结构化数据。要进行企业管理创新，就要重视这些非结构化数据的作用。企业不仅要进行企业信息网络的构建，还要针对非结构化的信息进行数据管理平台的创新，并做好相关数据的收集和筛选工作，将其添加到企业信息数据库中。此外，企业还要对这些数据信息进行有效的保存和管理，进行实时的监控和检测，呈现动态的服务和产品信息，开发和加强企业分析数据信息的检索功能，不断提高企业数据管理工作的效率，将数据作为企业经营决策的依据，推动企业提高管理水平。

在信息时代，网络和信息技术的广泛应用为企业带来了大量的信息数据资料，而大量复杂的数据也给企业管理带来了难题和挑战，同时，形式多样的数据难以提供直观的决策支持。因此，企业必须改变以往那种仅以一些简单的数据分析作为决策依据，以及片面分析的思路和方式，而应该注意对数据进行结构化处理，在数据分析过程中建立合理的模型，对数据包含的信息进行深度挖掘，确保数据信息的准确性和有效性，并通过横、纵双向的对比，保证企业管理者决策的全面性、正确性和合理性，降低决策风险。

### （三）建立高效的企业信息网络

在信息时代，企业不再以产品为核心，只注重产品、营销和成本信息的管理，而是将企业服务和服务质量作为重点。一方面，构建一个企业数据信息网络，将企业的产品、成员和服务等各方面的数据信息纳入其中，并进行加工处理，以便更好地进行企业内部管理；另一方面，将企业生产经营的上下游节点企业、合作伙伴、客户等成员的数据信息录入企业信息数据库，然后对企业内外部的数据信息进行相关性分析和研究，形成一个完整的、带有自身特色的企业信息网络，为企业在信息时代的发展和管理创新提供强大的信息支撑。

### （四）大力培养数据信息管理人才

在信息时代，企业需要加强数据处理和信息管理工作。相应地，企业也就需要更加专业的数据信息管理人才，这是使企业数据信息管理能够充分发挥作用的重要基础，也是企业管理模式进行创新和升级的人力支撑。优秀的数据信息管理人才能够有效地进行数据信息开发，并充分利用企业搜集的各项数据信息，保证企业和社会的良性互动，充分发挥其作用。因此，企业必须加大对专业人才培养的力度。

企业的数据信息管理人员需要具备信息技术和营销知识，以及较强的数据信息处理能力。要想加强这方面人才的培养，一方面，企业可以通过招聘选拔具有专业知识和实践经验的人才；另一方面，企业要对现有的数据信息管理人员进行定期的专业培训，使其掌握最新的数据处理和分析技术，以提高企业的数据管理水平，也可以建立一个专门的数据部门，更好地提升企业员工的数据信息管理意识和水平。

# 第三节 企业战略管理理论综述

## 一、关于战略的形成与制定

战略的形成与制定是各个学派共同关注的重要内容之一，而对该问题的回答，各学派观点不一。例如，企业家学派认为战略是一种远见，是企业领导者个人构思的产物，战略制定的主要任务就是积极寻找新的机遇；认识学派的观点认为，战略的形成是发生在战略家心里的一个认识的基本过程，尤其是作为一个概念的形成过程；权力学派则把战略形成过程看成一个明显受到权力影响的讨价还价和折中妥协的过程，这个过程既发生在组织内部相互冲突的个人之间、集团之间，又发生在本组织与相互冲突的其他组织之间。这几个学派的一个共同之处就是其认为战略是组织成员活动的结果，即战略形成的主动性在组织内部。与此相反，环境学派则认为，战略形成的主动性在组织外部，在他们看来，战略的形成是组织对环境反应的结果。下面重点对设计学派、计划学派、定位学派、学习学派和结构学派的观点进行介绍。

### （一）设计学派

设计学派的代表人物有钱德勒（Chandler）、安德鲁斯（Andrews）、鲁梅尔特（Rumelt）、塞兹尼克（Selanick）。设计学派的观点始出于塞兹尼克，发展于钱德勒，后由安德鲁斯作出了精确的界定。该学派把战略的形成过程看成一个有意识的、深思熟虑的过程，认为战略是组织内部条件因素与外部环境进行匹配的结果，并把企业的首席执行官看成战略家。

那么，究竟应该如何制定战略呢？首先，进行组织环境评估，包括外部和内部环境。对此，安德鲁斯提出了著名的SWOT分析法。对外部环境，可以从技术、经济、社会、政治等方面分析企业面临的机会和威胁，进而总结出组织成功的关键因素；对内部环境，主要是从企业目前状况出发，分析企业的优势和弱势所在，以便找出组织的特色竞争力。其次，在找出组织的特色竞争力及成功的关键因素的基础上，制定组织的备选战略。在制定备选战略时，要注意另外两个重要因素：一是管理价值，即企业正式领导者的信仰、偏好；二是社会责任，尤其是企业在其中发挥作用的社会道德。最后，根据四个条件来评估备选战略，选择最适合的战略。这四个条件如下：一是一致性，即该战略提出的目标、策略相互一致；二是协调性，即该战略能够对组织内外环境的变化作出适当反应；三是优势，即该战略有助于在企业选择的活动领域内建立或保持竞争优势；四是可行性，即在执行该战略时，既不能造成可用资源的紧张，又不能带来难以解决的新问题。

### （二）计划学派

计划学派的代表人物有安索夫、施泰纳、皮埃尔·瓦克、坎贝尔等。该学派认为，战略的形成是一个正式的进程，必须经过“规划”才能制定出最佳战略。其提出的规划步骤为确定目标→外部环境审查→内部情况审查→战略评价→战略运用。

20世纪70年代是该学派发展的鼎盛时期，但80年代以后，人们对其重视程度开始下降，其中一个突出的表现是，美国通用电气公司取消了战略规划。不仅如此，很多学者还提出了战略规划的一些弊端，其中比较突出的有以下两点：

第一，战略规划中的重要一步是进行外部审查，而外部审查中的主要一项是计划人员对未来情况的预测。预测领域的著名专家斯皮诺·马克里达基斯认为，对于像技术突破和价格上涨这些不连续事件的预测，实际上是不可能的。因此，依赖于外部审查的战略规划在遇到这些不连续事件时就失灵了。

第二，把战略程式化是战略规划的又一弊端。因为组织环境是动态变化的，所以有效的战略应该是随机应变的，而不是一个呆板的计划。

### （三）定位学派

20 世纪 60 年代，梅森和贝恩在市场结构不完全性的假设基础上，提出了产业组织理论的市场结构—企业行为—市场效率（SCP）分析范式。迈克尔·波特进一步将 SCP 范式的分析延伸到了不同市场结构下，研究企业可以采取哪些具体的战略、这些企业行为将如何影响企业绩效等，从而将 SCP 范式的分析方法应用到企业战略管理的研究中，并建立了自己独特的分析方法，成为定位学派的典型代表人物。同时，迈克尔·波特的战略理论也成为 20 世纪 80 年代战略管理理论的主流。

在迈克尔·波特看来，制定竞争战略的重点在于进行恰当的行业定位，而行业定位的关键在于对企业所处环境的分析，其中对行业结构的分析是关键中的关键，用迈克尔·波特的话说就是“行业结构分析是制定竞争战略的根本基础”。

### （四）学习学派

要对环境进行预测，而现实的环境是如此复杂，对其进行准确预测非常困难。因此，学习学派认为，战略的制定很难像设计学派那样精心设计，更难像计划学派那样将其变成一个独立和程式化的过程；相反，战略的形成是组织难以控制的，有时甚至是组织在不经意间形成的。

该学派的奠基人之一奎因（Quinn）于 20 世纪 80 年代提出了“逻辑渐近主义”理论，认为战略不仅是一个逐渐形成的过程，还具有潜在的逻辑性，正是这种潜在的逻辑将战略的各个部分组合在一起。在“逻辑性”这一点上，奎因的理论恰与查尔斯·林德布罗姆的“无序渐近主义”理论形成对比。

### （五）结构学派

结构学派的代表人物有明茨伯格、米勒等。该学派有关战略形成及制定的主要观点如下：

结构是指组织及其周围环境的状态，一般情况下，组织都可被描述为某种稳定的结构。在某个特定时期内，组织特殊的结构形式与特殊的内容相匹配，这样组织便可建立起某种特殊行为，从而形成一套特殊的战略。

## 二、战略与结构的关系

关于战略与结构的关系问题，无非谁先谁后的问题。这个问题看似简单，但不同学者的答案却截然不同。

钱德勒在20世纪60年代出版的《战略与结构——美国工业企业历史的篇章》一书中，通过对美国通用汽车公司、杜邦公司、西尔斯-罗巴克公司、新泽西标准石油公司等大企业经营历史的研究，首先提出了这一问题的答案，即结构跟随战略。

在钱德勒之后，研究战略与结构关系的学者不断增加。布劳尔在20世纪70年代出版的《资源配置过程管理》一书中指出，特定的组织结构形式不仅提供了当前业务运作的框架，同时还规定了将来战略信息所传递的渠道，并对经营领域调整以及资本调拨等决策产生了潜在的重要影响。霍尔和赛尔斯的观点则更加明了，认为战略追随结构，并于20世纪80年代发表了《战略追随结构》一文。他们指出，结构不仅影响组织对其环境和自身能力的认知，还决定了组织将采取的反应方式。

定位学派继承了设计学派"结构跟随战略"的观点，但同时又有所发展，即认为战略由产业结构所决定，用图式表示就是产业结构→战略→组织结构。

明茨伯格等则综合了以上两种截然相反的观点，认为结构与战略的关系就像走路时的左脚和右脚一样，是相互领先而又相互跟随的，二者相互支持，共同支撑组织；只有当组织跃变到一个新的高度时，二者才是齐头并进的。

## 三、企业战略管理基础

### （一）企业战略管理的性质

在管理活动中，企业是不能分割的，它是由执行不同功能的部分所组成的一个统一体，在社会进步和经济发展中作为一个整体发挥作用。要将企业的各个职能部分协调一致、有机地结合起来运作，就需要企业战略管理理论发挥作用。企业战略管理理论从企业整体的、全局的角度出发，综合运用职能管理理论，处理涉及企业整体的和全面的管理问题，使企业的管理工作达到整体最优的水平。

战略管理是企业高层管理人员最重要的活动和技能。底层管理者所需要的能力，主要是技术能力和人际能力；中层管理者的管理要依赖于人际管理能力和思维能力；而高层管理者最需要的能力是思维能力或战略能力，这是保证他们工作有效的最重要的因素。因此，对于企业高层管理者来说，最重要的活动是制定战略和推进战略管理，以保证企业整体的有效性。

战略管理的目的是增强企业对外部环境的适应性，使企业做到可持续发展。企业组织是社会这个大系统中一个不可分割的和具有开放性的组成部分，它的存在和发展在很大程度上受其外部环境因素的影响。企业的外部环境既复杂多样，又动荡多变，时刻发生着变化。如何在这种复杂多变的外部环境中生存并持续地发展下去是战略管理的任务和目的。战略管理促使企业高层管理人员不管在制定、实施企业战略的哪个阶段，都要清楚地了解有哪些外部因素影响企业，影响的方向、性质和程度如何，以便制定新的战略或及时调整企业现行的战略以适应外部环境的变化，做到以变应变，不断提高企业的适应能力。

战略管理不是静态的、一次性的管理，而是一种循环的、往复性的动态管理过程。它需要根据外部环境的变化、企业内部条件的改变以及战略执行结果的反馈信息等，重复进行新一轮战略管理的过程，是不间断的管理。

### （二）企业战略管理的定义

企业战略管理是指企业根据外部环境和内部条件设定企业的战略目标，为保证目标的实现，并依靠企业内部能力付诸实施，以及在实施过程中对战略进行控制的一个动态管理过程。

### （三）企业战略管理的层次

一般说来，一个企业的战略可划分为三个战略层次，即公司战略、经营（事业部）战略和职能战略。

#### 1. 公司战略

公司战略是企业总体的、最高层次的战略。公司战略的侧重点有两个方面：一是从公司全局出发，根据外部环境的变化及企业的内部条件，选择企业所从事的经营范围和领域；二是在确定所从事的业务后，要在各事业部门之间进行资源分配，以达到公司整体的战略意图。这也是公司战略实施的关键内容。

#### 2. 经营（事业部）战略

经营（事业部）战略有时也称为竞争战略，它处于战略结构中的第二层次。这种战略所涉及的决策问题是在选定的业务范围内或在选定的市场—产品区域内，事业部门应在什么样的基础上进行竞争，以获得超过竞争对手的竞争优势。因此，事业部门的管理者需要努力鉴别最有盈利性和最有发展前途的市场，发挥其竞争优势。

### 3. 职能战略

职能战略是在职能部门中，如生产、市场营销、财会、研究与开发、人事等部门，由职能管理人员制定的短期目标和规划，其目的是实现公司和事业部门的战略计划。职能战略通常包括市场策略、生产策略、研究与开发策略、财务策略、人事资源策略等职能策略。如果说公司战略和经营（事业部）战略强调“做正确的事情”的话，那么职能战略强调的则是“将事情做好”。它直接处理生产及市场营销系统的效率、顾客服务的质量及程度、如何提高特定产品或服务的市场占有率等问题。

公司战略、经营（事业部）战略以及职能战略构成了一个企业的战略层次，它们之间相互作用、紧密联系。如果企业整体想要获得成功，必须将三者有机地结合起来。

## （四）企业战略管理的过程

### 1. 战略分析

战略分析是整个战略管理的起点，对企业制定何种战略具有至关重要的作用。它主要包括企业外部环境的分析以及企业内部环境的分析。外部环境的分析着眼于企业所处的宏观环境、行业环境和经营环境，内部环境的分析着眼于企业资源、能力和市场竞争力。

### 2. 战略制定

企业可以从实现企业整体目标、发挥中下层管理人员的积极性以及协调企业各部门的战略方案等多个角度考虑，来制定适合企业自身发展的战略。

### 3. 战略实施

企业要根据自身的特点以及所处的环境，选择适合自己的战略。企业要构建良好的组织结构，完善企业采购系统、生产或运营系统、研究与开发系统以及人力资源系统。另外，最重要的是企业管理层需要很好地发挥作用，使企业各部门之间有良好的沟通。只有这样，企业战略才能够成为企业各级人员的共同目标，发挥团队优势。管理层还应采用合理的方法对战略的实施效果进行评估，并实时地对战略进行完善，采取适当的奖惩措施，促进战略在各部门之间良好实施。

## （五）企业战略管理的作用

战略管理作为当代企业管理最重要的特征，其思想方法已得到广泛运用。竞争越激烈的行业，运用战略管理的企业就越多；企业规模越大，就越重视战略管理。当企业面临外部环境急速变化和重大转折的时候，企业就非常有可能从战略角度重组。在企业的经营过程中，战略管理发挥着极其重要的作用：

第一，战略管理可以促使企业管理阶层不断检查与评估目前战略的价值与合理性。当原有战略不再合理时，企业可以及时调整或重新制定战略以适应环境，使企业得以继续发展。

第二，战略管理可以促使企业将内部资源条件与外部环境因素结合起来考虑，对影响企业经营的各种重要因素变化保持高度的警惕。

第三，战略管理可以促使企业时刻关注企业的未来，不断审视当前决策对企业未来运作所产生的影响，保证企业的长期利益。

第四，战略管理可以促使企业努力寻求最具潜力的领域，通过多种方案的比较来作出最具价值的选择。

第五，战略管理可以促使企业对资源进行合理配置，通过资源结构的优化，使资源效能得到最大限度的利用和发挥。在必要时，企业可以引进新资源，推进企业整体规模的扩大和效益的提高。

第六，战略管理可以促使企业改进决策方法，优化组织结构，把日常管理建立在系统与有序的基础上，增强企业的协调沟通与控制职能，不断提高管理的效率和水平。

第七，战略管理可以促使企业增强凝聚力。通过让员工参与战略制定、决策和实施过程，减少改革的阻力，最大限度地激发员工的激情和潜力，从而确保战略目标的最终实现。

## 四、企业战略管理理论的新趋势

企业战略管理理论研究的发展经历了一个层层深化的过程，存在奠基、鼎盛、反思、重振等几个阶段，这些阶段共同构成了战略管理理论丰富多彩的研究领域。20 世纪 90 年代以后，不少通过多元化经营形成的大企业开始出现问题，多元化的热潮开始消退。随着经济全球化进程的加速，企业经营环境的不确定性日益增大，产业边界日益模糊，产业结构的稳定性日益下降，企业的竞争优势越来越难以持续。信息时代的到来更是加剧了这一趋势。在急剧变化的环境中，许多战略管理学家开始思考企业如何赢得长久的竞争优势，这促进了战略管理理论的新发展。

### （一）制定企业战略的竞争空间在扩展

企业必须从全球的角度、跨行业的角度在无边界的范围内考虑配置自身的资源，以获得最佳的管理整合效果。

### （二）企业战略具有高度的弹性

战略弹性是基于企业自身的知识系统对不断变化的不确定情况的应变能力，员工的知识结构及其组合的方式和机制是战略弹性的核心部分。因其具有难以模仿性，战略一旦制定，就确立了企业的战略优势。

### （三）不过多考虑战略目标是否与企业资源相匹配

企业不能简单地平均分配资源，而是要创造性地通过各种途径来整合资源，通过与知识的组合来克服资源的限制，从而为客户创造更多的价值。

### （四）商业生态系统成为参与竞争的主要形式

未来的竞争不同于商业群落之间的竞争。对于一个单独的企业个体来讲，竞争更体现在加入或营造有影响力的、能为自己带来实际价值的企业生态系统，以便在竞争与合作的和谐环境中，获得一个更为有利的地位。

### （五）制定战略的主体趋于多元化

信息传播方式的网络化决定了每一个个体在整个网络系统中都是信息传播的一个节点，高层主管不再居于信息传播的中心，普通员工可以有更多的机会参与企业的战略制定，他们具有决策参与者和决策执行者双重身份的特征。

### （六）从基于产品或服务的竞争演变为标准与规则的竞争

企业会有意识地制造变革，与行业中具有重要影响的对手或企业联盟共同合作，创造和制定指导行业的技术标准或者竞争规则。

### （七）战略理论研究的视角趋于多元化

由于战略管理的复杂性，人们开始从不同学科、不同视角去研究战略管理理论。但从研究方法的角度来看，系统思考是应对复杂性和变化的最有效的手段。

# 第四节　信息时代企业战略思维

## 一、信息时代战略思维的主要特征

在互联网时代，人们经常讨论怎样用互联网的方式进行思维，以及如何持有互联网的思想、互联网的思考方式。在信息时代，人们就应该有信息的思维方式。信息时代的信息战略思维特征主要表现为定量、跨界、执行和怀疑。

### （一）定量思维特征

定量思维的特征是一切都可测量。虽然现实经营管理的情况不都是可以测量的，但是企业决策者要持有这样的理念。例如，现在很多餐饮连锁企业都有消费会员卡，但是一般只记录顾客的消费金额，关于顾客的消费内容则并没有记录。如果有了这样的记录，当每个顾客来消费时，不仅可以判断他的消费水平，还能分析判断他的消费偏好。管理者如果具备定量思维，秉承一切都可测的思想，记录有用的顾客信息，将会对企业的经营和战略决策产生积极作用。

在进行企业重要决策时，引领企业实现信息转型的企业决策者应该养成看“数据怎么说”的思维习惯。参考数据分析结果进行管理决策，既能有效避免仅凭直觉判断的不足和风险，又能改变企业内部的决策文化，将企业经营模式从依靠“劳动生产率”转移到依靠“知识生产率”上来。

### （二）跨界思维特征

跨界思维的特征是一切都有关联。企业经营的各方面之间都有相关性，企业领导者应该发挥想象力，将看似不相干的事物联系起来。例如，移动终端和 PC 终端的跨界，微信、社交网络跟电子商务的跨界。通过跨界能够开创新的商业模式，构建新的价值链。如果说通过信息挖掘消费者需求考验的是企业的洞察力，那么高效地满足客户需求考验的则是企业内在的整合与优化能力。

企业要想获得价值最大化，就要善于利用信息提升价值链的效率，对其商业模式、业务流程、组织架构、生产体系等进行跨界整合，以进一步提升为客户服务的效率和企业竞争力。基于信息的思维不仅可以提升企业的内在效率，还能帮助企业重新思考商业社会的需求，从而推动自身业务的转型，重构新的价值链。阿里巴巴就是充分利用信息，成功地由一家电子商务公司转型为金融公司、数据服务公司和平台企业的，它的转型给金融、物流、电子商务、制造、零售行业带来了深刻影响。

### （三）执行思维特征

执行思维的特征是一切都可利用。执行思维强调充分地发掘、利用信息。企业收集了大量的数据，但存放着不利用属于资源浪费。企业应该注重实效，将数据中蕴含的市场信息发掘出来并执行下去，及时对市场和利益相关者作出反应。

在信息时代，取得成功的企业并不是简单地拥有信息，而是通过对信息的分析，发现市场机会，从而开发新的市场。企业依托信息分析可以获得创意，为市场提供相当独特的产品和服务，通过高效的组织运作与执行，最终赢得顾客、赢得市场。

### （四）怀疑思维特征

怀疑思维的特征是一切都可试验。企业获取了信息，进行分析之后，有时会导致决策产生更大的偏差。他们认为，数据反映的就是实际情况，从而忽略了深入的思考。

实际上，有的时候数据会产生误导，所以不能对数据有盲从的思想，要有怀疑、试验的思想，要思考获得的信息是否全面、来源是否精准，不能盲目地认为只要拥有数据，就能够进行精准的决策。

在信息时代，消费者的决策方式、购买行为等发生了显著变化。为此，企业经营管理过程中的战略思维应该进行变革。一方面，企业要对传统的以资源、竞争和顾客为本的战略思维进行升级拓展；另一方面，企业要发展形成全新的大数据思维。

企业的战略思维涉及企业管理的最高层次，关乎企业的生存与发展前景。当代企业决策者要想获得商业成功、筑百年基业，就要具备信息时代的战略思维。许多成功企业的经验证明，只有企业领导层具有信息时代的战略思维，才能引领企业开创新的商业模式、新的价值创造方式，更好地为顾客、为社会创造价值，最终成就企业的爆发式增长。因此，升级传统战略思维，形成信息战略思维，开展体现信息时代思维特征的战略管理，是企业可持续发展的重要条件。

## 二、企业战略思维模式的创新分析

### （一）企业战略思维核心：融资模式与创新

除了商业银行，其他的贷款技术都是没有参考财务报表或者担保行以及抵押行的贷款技术，这是因为大量的企业并没有比较完善的财务核算体系，也就是没有比较成熟的财务报表，同时也没有较多的抵押物。如果寻找担保公司进行贷款担保，那么手续费会比较昂贵，而且也会增加企业的融资成本，这几种类型的交易型贷款都不能够对企业的信贷融资状况进行进一步推动。如果金融机构与企业业务接触，那么就能够增加企业信息的透明程度，关系型的贷款其实对于企业信贷的可获得性有比较正面的影响，这主要是当前中国金融机构一般实行隐性的存款保险制度，在放贷的过程中，处理具体业务的人员采取的态度相对比较谨慎。综合上述分析，可以看出信用评分技术应用在小规模企业的信贷过程中，还是有比较积极的价值的。由于信用评分技术能够更好地防控道德风险，所以各个类型的金融机构还是偏向于这种技术的应用，当然在与配套金融机构的信贷层面的操作上，企业的战略调整状况，特别是企业所制定的中长期计划、运营模式等，也都会影响金融机构对其的信用评级。因此，当企业进行战略调整的时候，资金掣肘的现象时有发生，也就影响了企业思维的开拓和创新。

### （二）企业创新战略思维与金融活动的对立统一

从上述企业创新战略的核心上看，企业必须在矛盾中寻求统一，才能够为其创新战略思维铺平道路。金融机构的这些特征从主变量的角度进行回归分析，可以看出当前金融机构在进行相关类型的控制与引导过程中，加强了对信贷的控制。从五大银行与普通的农商、邮储银行等的对比来看，这些小规模的营业金融机构对企业发放的信贷力度相对比较大，而且企业的信贷可获得性也涉及这些企业的方方面面，这些其实也和金融机构所经营的业务或者发展情况有密切的联系。从本质上看，这样的结果与现实状况相对比较符合。

此外，金融机构经营的规模相对比较大，对于企业的信贷可获得性也就相对比较少，这些相关学者也证明了企业向这些中小银行申请贷款，批准通过的概率比较高。其实小银行对企业的贷款，还是有比较大的优势的。而且金融机构在自主贷款的比重以及企业的信贷可获得程度上，呈现出正相关关系，从而可以看出适当下放配套贷款批复权力的时候，其实也是涉及企业在信贷过程中的可获得程度。这些分支银行还有企业接触的程度相对比较多，也会利用到相关的信息，但是很多中心银行其实并没有这样的水平和能力，分支银行作出决策能够更快地实现这些贷款的配置。

当前的各种金融机构为了占有更多的市场份额，会逐渐把竞争目标转移到企业上，对于企业获得信贷更加有帮助，而且企业向中小银行进行贷款申请的时候，也更容易获得批准，企业贷款发放的份额更大，能够帮助这些企业进行信贷和融资。企业要进行战略思维创新和调整，就必须考虑上述层面，特别是获得融资基础，再进行重新谋划。

## 三、信息时代企业战略管理创新的途径

在新时期，从战略角度有效应对信息带来的机遇和挑战，企业应该做到以下几点。

### （一）树立信息意识，建立有效的信息平台

现代社会是信息爆炸的社会，企业是否能够树立有效的信息意识，是否能够合理有效地收集数据并进行分析处理，对于企业来说是一项非常巨大的工程。因此，只有建立有效的信息平台，为专业数据信息分析提供规模性的专业信息服务保障，才能为提高企业服务水平、优化企业战略管理奠定基础。

### （二）重视信息技术，推进技术革新与改造

重视新技术的推广与应用是信息开发的基础和源泉。但复杂的信息并不一定会为企业创造可观的价值，关键还要看数据分析与应用的效果，特别是信息时代已经打破了行业之间的壁垒，因此如何利用信息技术充分发挥其效用，并加快技术更新和应用的步伐，形成真正的规模化数据，是当前推进信息发展应用中企业亟须面对与解决的问题。

### （三）调整组织结构，搭建组织信息平台

在信息时代下，企业要想获得及时有效的数据信息，不仅需要搭建企业自身的云计算下的信息平台，还需要组织员工共同参与到这个过程中来。同时，为了适应分散决策的要求，必须调整组织结构，将高耸型组织结构调整为扁平化的组织结构，调动一线员工工作的积极性与主动性，缓解高层的决策压力。

### （四）加强人才培养，制定信息、人才培养战略

企业战略管理需要大量掌握信息挖掘和数据分析技能的人才，他们不仅要具备扎实的

数学基础知识、数据库知识、统计原理等，还要具有信息思维意识，能够利用数据分析结构对企业发展、市场前景、竞争趋势进行有效预测，为企业决策提供数据分析支持。因此，企业不仅需要大规模地补充此类人才，还需要制定信息人才培养战略，进行人才的储备、培养与激励，为企业信息战略转型提供人才支撑。

# 第二章　企业管理信息系统及其应用

## 第一节　管理信息系统

### 一、管理信息系统的规划

管理信息系统规划是对企业或组织总的信息系统目标、战略、资源和开发工作的一种综合性计划，是决策者、管理者和开发者共同制定和共同遵守的建立信息系统的纲领。进行系统规划，就是要根据企业的目标和发展战略，以及信息系统建设的客观规律，考虑企业面临的内外环境，科学地制定信息系统的发展战略、总体方案，并以此合理安排系统建设的进程。

#### （一）系统规划的目的与任务

管理信息系统的规划是遵循企业管理信息化发展规律，立足企业（或公司、集团、组织等）全局，展望未来，明确其规划目的，制定企业管理信息化工程建设的发展战略和总体方案。这是企业规划的一个重要组成部分，同时也是实现企业发展策略的有效的途径之一。

1. 系统规划的目的

管理信息系统研发首先要有明确的系统目标，才会有明确的任务。搞清楚为什么要做管理信息系统研发工作是所有工作的关键性问题。通过管理信息系统规划，可以确保管理信息系统开发符合企业总的战略目标要求，使系统能真正成为提高企业竞争力的有力管理工具；满足企业各部门对信息的需求，进一步明确为领导决策提供合理、全面和科学的依据，明确系统开发的优先顺序。

2. 系统规划的任务

系统规划的主要任务是制定管理信息系统的发展策略；制定管理信息系统的整体方案，安排项目开发计划；制定管理信息系统建设的资源分配计划；提出执行开发计划所需要的硬件、软件、技术人员、资金等资源以及整个系统建设的概算，进行可行性分析。

### （二）系统规划的方法

在管理信息系统发展过程中，许多学者从不同的角度提出不同的系统规划方法。因此，管理信息系统规划的方法有很多种，各种方法都具有一定的特殊性和适应性，在规划方法时要根据企业的实际状况和规划者的特点选用。其主要方法有企业系统规划法、关键成功因素法、战略数据规划法等。

#### 1. 企业系统规划法

企业系统规划法是 IBM 在 20 世纪 70 年代提出的，旨在帮助企业制定管理信息系统的规划，以满足企业近期和长期的信息需求。它较早运用面向过程的管理思想，是现阶段影响最广的方法。用 BSP 制定规划是一项系统工程，它自上而下识别系统目标、企业过程和数据，然后再自下而上设计系统以支持目标。

#### 2. 关键成功因素法

关键成功因素法是信息系统开发规划方法之一，于 20 世纪 70 年代由哈佛大学的 William Zani 教授提出。关键成功因素法是以关键因素为依据来确定系统信息需求的一种 MIS 总体规划方法。在现行系统中，存在着多个变量影响系统目标的实现，其中若干个因素是关键的和主要的（即成功变量）。通过对关键成功因素的识别，找出实现目标所需的关键信息集合，从而确定系统开发的优先次序。在这里，关键成功因素指的是对企业成功起关键作用的因素。关键成功因素法就是通过分析找出使得企业成功的关键因素，然后再围绕这些关键因素来确定系统的需求并进行规划。

#### 3. 战略数据规划法

战略数据规划法是指遵循数据库的规则，挖掘信息以及信息间的规律，经过科学的规划和设计，建立面向实际业务的数据库系统结构，以保证数据的准确性、一致性和安全性，增进信息共享，方便实际应用的规划方法。这是针对整个组织的数据规划，而不仅仅是针对组织中某一特定信息系统建设所需数据的规划。

信息系统规划的方法有许多种，不同学者从不同观点与侧面提供规划思路。在信息系统规划过程中，需要结合企业管理信息化的具体情况选择信息系统规划方法。无论采用什么方法，首先要弄清企业现状、信息系统研发基础和环境，然后根据用户的期望制定出合理的信息系统规划方案。

### （三）系统规划方案的开发可行性研究

可行性研究，也称为可行性分析，是决策部门在采取一项重大改革或投入行动之前，对该项目的必要性和可能性进行分析与论证的活动。在现代管理中，经济效益的评价是一个很重要的方面，在进行投资之前，最关心的问题就是该项目能否取得效益、能取得多大效益。为了避免盲目投资，减少不必要的损失，就要进行可行性研究。

管理信息系统的建设是一项投资大、时间长的复杂工程，可行性研究尤为重要。可行性分析的意义在于以下几点：它是确定项目开发的依据，它是划定下阶段工作范围、编制工作计划、协调各部门活动的依据，它是分配资源的依据，它是系统开发的准则。

## 二、管理信息系统的分析与设计

管理信息系统的分析与设计是管理信息系统研发项目的关键工作。它依据系统规划方案，明确现阶段系统研发的目标和任务，并制定出逻辑方案和物理方案，为系统实施提供可用的理论依据。

### （一）系统分析

#### 1. 系统分析的主要任务

系统分析的主要任务是在系统规划的指导下，通过系统详细的调查，全面地描述现阶段（规划指定工程期内）的目标与任务、组织结构、业务流程和数据流程，进一步了解系统现状，以及在生产经营管理中存在的主要问题，分析造成问题的原因和用户开发管理信息系统的需求；以组织管理学、业务流程重组理论和数据结构与数据库原理为依据，运用系统分析方法、U/C 矩阵、系统建模等手段明确系统目标，开展系统逻辑设计，写出系统分析报告和可行性分析报告，最终提交信息系统建设委员会审批。

#### 2. 系统分析的一般过程

系统分析方法的具体步骤包括明确系统边界、确定目标、调查研究收集数据、提出备选方案和评价标准、备选方案评估和提出最可行方案。

#### 3. 结构化的系统分析方法

结构化的系统分析思想来源于结构化的程序设计方法，其宗旨是将一个复杂的大系统分解成若干个简单的小系统。采用从总体到具体或从全局到局部的方法了解系统、分析系统、设计逻辑方案。分析结束，需要提交设计的逻辑方案和可行性分析报告，并由主管领导审批，领导批准后才进入下一个开发阶段。

4. 面向对象系统分析的系统模型

面向对象系统分析不同于结构化的系统分析。结构化系统分析是信息系统开发的一个重要阶段，在这个阶段有其目标、任务和提交的文档资料。系统分析是系统设计的依据，系统设计有其独立的目标和任务。面向对象的系统分析是系统设计的基础，系统设计是在系统分析的基础上实例化或具体化。面向对象系统分析的系统模型由基本模型、补充模型和系统的详细说明三部分组成。

5. 系统分析报告

系统分析报告是系统分析最终提交给管理信息系统建设委员会的正式文档，需要提交主管领导批准，才能进入下一阶段的工作。系统分析报告是对系统分析阶段的工作总结，全面地陈述系统分析得出的结论。

## （二）系统设计

系统设计是新系统的物理设计阶段。根据系统分析阶段所确定的新系统的逻辑模型、功能要求，在用户提供的环境条件下，设计出一个能在计算机环境上实施的方案，即建立新系统的物理模型。因此，系统功能是否满足用户要求和系统性能是否达标，主要依赖于系统的设计，系统设计是一项技术性很强的工作，需要明确信息系统实现的方法与过程。

1. 系统设计的主要任务

管理信息系统的开发无论采用什么方法，都需要进行系统设计。系统设计不仅能提高管理信息系统软件产品质量和用户的满意度，而且可使系统开发的相关人员提高沟通力度，减少无序、无效开发工作和增强系统的可维护性。这个阶段的任务很繁杂，也很具体。采用不同的开发方法系统设计过程与着力点会有所不同，但是，其目的都是明确信息系统该“如何做”。设计的任务都离不开明确将来管理信息系统运行的平台基础、信息系统的功能结构、信息系统的人机界面、信息系统的数据组织与存取方式、信息系统的代码体系等的具体方案、系统配置和相应管理规章制度设计。

2. 系统设计的主要方法

系统设计方法众多，设计内容与设计过程差异很大，但是设计结果都必须按照系统分析确定的目标，满足用户需求。系统设计方法是描述系统设计的理念、过程和形式的，可以从不同的侧面进行分类。从系统成熟过程可以分成归纳法和演绎法两种方法，从系统开发理念可以分成结构化的系统设计和面向对象的系统设计。

3. 系统设计的一般过程

信息系统设计技术性强、涉及面广，工作十分复杂。特别是企业信息化高级阶段的信息系统研发项目，或信息系统研发专业公司都需要设立总设计师，全面负责信息系统设计工作的规范和协调，以及对设计结果的审核。采用不同的信息系统研发方法，信息系统设计的内容、方法和过程也不同，但总体上都需要做好设计前的准备，开展设计和设计结果审核。最终设计出来的系统达到系统分析的目标，满足用户的需要，方便系统实施和快速投入系统运行，为企业产生效益，并提高企业的竞争力。

4. 系统设计说明书

系统设计说明书又称为系统设计报告，是系统设计的最后成果。它全面、清楚、准确、详细地描述了系统设计过程中的具体方法、技术、手段和环境要求。新系统的物理模型或称为用户需求的解决方案，是系统实施的主要依据，因此它具有很高的经济性和一定的保密性。系统设计说明书必须按软件开发文档书写成标准格式。

## 三、管理信息系统的实施与运行管理

实施管理信息系统是一项技术复杂、投资大，对管理组织、内部机制、企业文化、决策方式、管理思想等都将会造成深刻影响的系统工程。它将改变旧的工作方式方法，直接影响企业内部的工作流程、物流、资金流，影响企业对这些流程的可控性、企业经营的透明度和企业经营信息的作用，改变企业工作岗位设置和岗位管理制度等。管理信息系统应用成功的关键在于系统的运行管理。在信息系统应用成功因素中三分是技术，七分是管理，而管理的关键是系统的运行管理。一个信息系统能否产生效益，并不是信息系统自身能帮助生产产品，或提高生产效率，管理信息系统只能提供管理信息。只有通过对信息系统输出信息的充分利用，提高管理水平，减少工作中产生的失误，才能提高企业的市场竞争力和产品的生命力，不断扩大企业在市场中占有的份额。简要地讲，管理信息系统通过提高管理水平，避免或减少失误造成的损失，给企业带来巨大的经济效益。

### （一）系统实施

系统实施是指把系统的物理模型切换成实际运行系统的全过程。在系统实施过程中，实施单位在维持正常工作秩序的情况下，将投入大量的人力、物力。因此，需要对系统实施进行周密的计划，并在组织结构、业务流程、设备配置等方面发生相应的变革，以适应系统实施的要求。

### 1. 信息系统一般实施过程

在信息系统实施与运行管理过程中，三分靠技术、七分靠管理、十二分靠数据。信息系统实施的成败，领导是关键，资金是保障。实施过程中必须开展业务流程重组，重视基础数据的建设，且人员的培训要与实施同步进行。实施信息系统是企业的一场革命。信息系统是现代管理思想的体现，企业的管理制度、管理方式和企业文化，员工的工作方式、习惯等对信息系统的实施都有制约。无论是自主研发软件的信息系统，还是购买的商品化软件系统，其实施都必须经过各类的教育、立项、论证、选择和试点等工作。

### 2. 系统实现

信息系统软件来源不同，其实现的工作内容也不同。自主开发管理信息系统软件，则实现的关键工作是程序设计、编制及调试程序，为系统运行提供必要的软件。如果软件是通过软件提供商购置的，其实施的主要工作是编制二次开发的程序，然后安装软件、调试二次开发程序和系统软件。无论软件来源方式如何，都必须写出调试报告，为后续工作提供依据。

### 3. 系统试运行

在系统联调时，使用的是系统测试数据，这些数据很难测试出系统在实际运行中可能出现的问题。因此，当一个系统开发完成后，就让它实际运行一段时间，即实施试运行，这是对系统最好的检验。

系统试运行阶段的主要工作包括：对系统进行初始化，并输入各种原始记录；记录系统运行的数据和状况；核对新系统输出和老系统输出的结果；对实际系统的输入方式进行考察，主要考察效率、安全性、误操作保护等方面；对系统实际运行、响应速度进行实际测试，包括运算速度、传递速度、查询速度和输出速度等方面。

### 4. 系统切换

系统切换是指系统开发完成后新老系统之间的切换。系统切换一般有三种方法：直接切换、并行切换和分段切换。直接切换，是指在确定新系统运行准确无误后，立即启动新系统，老系统与此同时停止运行。直接切换能够节省人员、设备的费用，适用于一些处理过程不太复杂、数据不很重要的场合。并行切换是指新系统与老系统并行工作一段时间后，新系统继续运行，老系统停止运行，实现新系统对老系统的替代。分段切换是指直接切换与并行切换相结合，即在新系统正式运行前，逐步替代老系统。

## （二）系统运行管理

在管理信息系统实施中，经过系统切换后即可投入运行。系统运行管理是一项长期、艰巨的任务，主要包括系统日常操作、系统维护等工作。任何一个系统都不是一开始就很完备的，总是要经过多重的开发、运行、再开发、再运行的循环不断完善的。提高信息系统应用效果必须有适时的运行管理组织，运行管理组织设置直接关系到系统应用的成败。

### 1. 系统运行组织

在大多企业或组织中负责信息系统运行管理的是信息中心、计算中心、信息处等部门。由于计算机、网络、通信等各项技术的发展，客户端/服务器结构的运用，信息系统在组织中发挥最佳作用的方式是将系统日常操作、系统维护两种功能综合在一起。信息中心主任最好由组织中的副总经理兼任，这样有利于加强信息资源管理。

### 2. 系统运行管理业务与督查

当信息系统验收启用时，必须同时对信息系统进行管理。信息系统运行管理成为企业管理信息化工作长期且艰巨的主要任务。信息系统运行管理的本质是对信息系统的运行情况进行实时记录，比较分析运行结果；对信息系统的运行状态进行跟踪督查。如果信息系统不能满足需求，应及时提出必要的修改与扩充建议，以便使信息系统完全符合管理者决策的需要。

### 3. 系统运行分析

随着信息系统运行数据的不断积累，数据将成为企业宝贵的信息资源。面对信息系统不断产生的信息，信息主管部门必须做好数据分析、挖掘与利用等工作。信息系统启用后，对系统提供的各类信息需要作各种分析。

（1）数据分析

首先是对提供的信息进行有效性和及时性分析，分析提供给各级管理者的信息是否正确、全面和完整。其次，及时调查管理者对提供的信息使用结果，特别是在系统切换过程中，系统试运行功能模块是否正常，需要对系统提供信息的结果进行分析才能确定。对系统运行结果不加分析、盲目采用或否定，都会对系统造成严重的危害。

系统运行结果分析不仅是检验系统运行正确性的手段与方式，而且已经成为信息系统功能外延，提升系统应用效益的发展方向。由系统运行结果分析逐步扩展到对系统所有数据的分析，并提供给管理者灵活方便的数据分析、在线数据分析，以及数据挖掘和大数据处理等技术与应用领域的分析。系统给管理者提供的信息形式丰富多彩，从文字、表格逐步演变成图文并茂的各种报告。

（2）数据挖掘

数据挖掘，又译为资料探勘、数据采矿，它是数据库知识发现中的一个步骤。数据挖掘一般是指从大量的数据中通过算法搜索隐藏于其中的信息的过程。数据挖掘通常与计算机科学有关，并通过统计、在线分析处理、情报检索、机器学习、专家系统和模式识别等诸多方法来实现上述目标。

（3）大数据处理

涉及大数据分析与处理应用的领域越来越多。大数据的数量、速度、多样性等都呈现了不断增长的复杂性，所以，大数据的分析方法显得尤为重要，已经成为信息是否有价值的决定性因素。对于大数据来说，最重要的还是对数据的分析，从里面寻找有价值的数据帮助企业作出更好的商业决策。

## 四、管理信息系统的维护与评价

随着信息系统运行的普及与深入，不断涌现新技术、新理念、新思路和新方法。原有信息系统伴随企业发展和演变，无论在功能上，还是在性能上都需要进行维护，以满足管理者日益增长的需求。

### （一）管理信息系统维护

推动信息系统在企业管理现代化中应用的普及和提高企业管理信息化水平，需要不断地监测、控制和维护信息系统。信息系统维护是信息系统发挥作用的基本保障。

#### 1. 系统维护的内涵

系统维护是指在管理信息系统交付使用后，为了改正错误或满足新的需要而开展的一系列修改系统的活动和过程的总称。管理信息系统是一个复杂的人机系统，系统的内外环境，以及各种人为的、机器的、外部环境的和内部技术等因素都在不断地发生变化。为了使系统能够适应这种变化，充分发挥信息系统的作用，产生良好的社会效益和经济效益，就要进行系统维护工作。

#### 2. 系统维护的类型

管理信息系统维护起因复杂、需求众多，导致系统维护的类型和内容十分复杂。不同的维护类型往往具有不同的维护内容，因此，需要根据系统运行环境和维护条件选择相应的维护类型，确定其维护内容。

从不同的角度观察系统维护，可以分成不同的系统维护类型。按系统的结构，可以分成硬件维护、网络维护、软件维护和数据维护等；按系统维护活动的目的，可分成正确性维护、适应性维护、完善性维护和安全性维护四大类，这是最常用的分类方法。

3. 系统维护的内容

根据维护活动的具体内容不同，维护内容主要有程序维护、数据维护、代码维护和设备维护等。

4. 系统维护的过程

不少人往往认为系统的维护要比系统开发容易得多，因此，维护工作不需要预先拟订方案或加以认真准备。但实际情况并不是这样的。在许多情况下，维护比开发更困难，需要更多的创造性工作。因此，首先，维护人员必须用较多的时间理解别人编写的程序和文档，且对系统的修改不能影响该程序的正确性和完整性；其次，整个维护工作又必须在规定的很短时间内完成。

在系统某个维护目标确定以后，维护人员必须先理解要维护的系统，然后建立一个维护方案。由于程序的修改涉及面较广，某处修改很可能会影响其他模块的程序，所以建立维护方案后要加以考虑的重要问题是修改的影响范围和波及面的大小，然后按预定维护方案修改程序。还要对程序和系统的有关部分进行重新测试，若测试发现较大问题，则要重复上述步骤。若通过，则可修改相应文档并交付使用，结束本次维护工作。

5. 系统变更维护管控

系统变更是系统维护的重要工作之一。为确保系统平稳、有效地工作，对用户提出的变更要求要采用一等、二看、三通过的方法。能不变更的尽可能不变，系统变更会影响系统的功能与性能等多个方面。

6. 信息系统数据安全管控

信息系统数据的安全管控主要由信息管理部负责。信息系统数据的安全管理主要包括日常备份和恢复等工作。

### （二）管理信息系统评价

无论采用何种先进的信息技术，分析用户需求无论如何精准、系统设计如何巧妙，随着技术进步、社会发展，以及人们对信息系统需求的不断提高，原有信息系统的功能与性能会逐渐不能满足人们与时俱增的需要。如何正确评价信息系统运行效率、效益和效应是管理信息系统研发工作的重要环节，也是信息系统获得重生的推动力。

1. 系统评价的内涵

系统评价是对新研发的或改建的管理信息系统，根据系统预定的目标，从技术、经济、社会、生态等方面对系统进行评价，以确定系统状态。在信息系统生命周期的不同阶段，信息系统评价目的、评价内容、参与评价人员各不相同。

2. 系统评价的作用

系统评价是系统保持生命活力的主要手段，也是预防系统崩溃的重要环节。信息系统的每项活动都必须隐含着评价的意识，见证系统活动的正常。信息系统生命周期的不同阶段，信息系统评价的作用有所不同。以管理信息系统研发项目为评价核心，分为项目的事前（规划、分析和设计）评价、事中（实施）评价、事后（验收）评价和跟踪（日常）评价。

3. 系统评价的目的

信息系统评价是一项十分复杂的工作，往往站在不同视角评价的结果不同，甚至相反。因此，在信息系统评价时，首先要制定出科学合理的系统评价目的。

4. 系统评价的过程

依据信息系统实施过程，系统评价总体上可以分成系统实施前的评价、系统实施过程评价和系统实施后的评价。在系统实施后系统运行过程中的评价又可以分成系统项目结束的验收性评价与运行状态诊断式评价。无论对系统评价出于什么目的，或信息系统处于什么阶段，系统评价一般会经过评价前的准备、实施评价和给出评价结论三步。

5. 评价结论

由系统评价委员会考虑环境、时间、成本和效益等因素，根据管理准则判定该管理信息系统研发项目应用是否可通过验收，或者管理信息系统软件产品是否发行，自诊断系统是否需要更新、改造和维修。对于实施前的评价，提出企业信息化现状存在的主要问题和已经达到的信息化水平等结论。

6. 评价方法

从信息系统的提供商或软件研发公司、被实施企业和地方政府等不同的角度，对信息系统绩效的测度指标和追求目标往往不一致。一般情况下，测评对象是企业，企业的各种效益是综合因素的结果。企业绩效往往受外部市场环境的影响很大，无法简单地从企业整体的综合绩效中剥离出信息系统单独产生的效益，因此对信息实施效益的评价存在着很大的争议。目前常用的评价方法是专家评估、技术经济评估、系统分析、ABCD 测评法、平衡记分卡法和模糊综合评判法等。

# 第二节　管理信息系统的应用

## 一、企业资源计划系统

随着企业竞争空间与范围的进一步扩大，以及市场与客户需求变化的进一步加速，20世纪80年代MRP Ⅱ的面向企业内部资源全面计划管理的思想逐步发展为面向全社会资源进行有效利用与管理的思想。

### （一）企业资源计划系统的形成

企业资源计划系统的发展是随着信息技术、制造技术和管理技术的发展逐步形成的，而且其功能不断扩大，其性能不断提高。但是随着生产规模的不断扩大，组织机构越来越复杂，市场竞争日趋激烈。企业生产计划的合理性、成本的有效控制、设备的充分利用、作业的均衡安排、库存的合理管理、财务状况的及时分析等工作对企业具有生死存亡的意义。为了增加企业的竞争能力，充分利用企业各种资源，降低企业运营成本，使企业利益最大化，于是人们从企业全局的物流、资金流、事务流、工作流、信息流等着手，开展一系列的理论研究和实践探索。就典型的管理软件ERP系统功能的完整性、理论的成熟性和企业管理的可控性等方面来看，其发展经历了物料需求计划、闭环MRP、制造资源计划和企业资源计划四个阶段。

### （二）企业资源计划系统的内涵

ERP是集合企业内部所有资源，对其进行有效的计划和控制，以达到最大效益的集成系统。我们可以从管理思想、软件产品、管理系统三个层次给出它的定义：

1. ERP是在MRP Ⅱ基础上进一步发展而成的面向供应链的管理思想。ERP以MRP Ⅱ功能为核心，吸收了准时生产（JIT）、全面质量管理（TQC）、客户关系管理（CRM）、分销资源集合（DRP）等先进管理思想，极大地扩展了管理信息系统的功能。

2. ERP是综合应用了客户机/服务器体系、关系数据库结构、面向对象技术、图形用户界面、第四代语言、网络通信等信息产业成果，以ERP管理思想为灵魂的软件产品。ERP在MRP Ⅱ基础上集成了质量管理、实验室管理、产品数据管理、配方管理、分销、人力资源、决策支持等多种功能，并支持国际互联网、企业内部网和外部网、电子商务系统等。

3. ERP 是整合企业管理理念、业务流程、基础数据、人力物力、计算机硬件和软件于一体的企业资源管理系统。ERP 打破了 MRP Ⅱ 局限在传统制造业的格局，可应用于金融业、通信业、高科技产业、零售业等诸多行业，扩大了管理信息系统的应用范围。

总之，ERP 系统以企业供应链的管理思想为指导，将企业的各方面资源（包括人力、资金、物料、设备、信息、时间、方法等）充分调配和平衡，使企业内部原本分散、孤立的“信息孤岛”通过 Intranet 或 Internet 连接到一起，实现企业由相对封闭走向开放，信息处理由事后控制走向实时控制，管理方式由传统单一模式向现代多种复合模式转变，为企业减少库存、加快资金周转、提高生产效率、降低成本、提高客户服务水平等方面提供强有力的支持工具，同时为经营决策提供科学的依据，以有效提高盈利水平，最终提高企业的综合竞争力。

### （三）企业资源计划系统的功能

从功能上看，ERP 系统由制造管理子系统、财务管理子系统、分销管理子系统、人力资源管理子系统、质量管理子系统和内控内审管理工作子系统组成。

#### 1. 计划管理

ERP 系统的计划管理继承了 MRP Ⅱ 的所有计划管理的内容和方式，并且在此基础上不断完善计划方式，扩充计划对象，形成一个完整的计划体系。这些计划、控制和管理模块又可以根据企业信息化基础分阶段集成和运行，提高了软件系统的适应性、经济性和实用性。

（1）经营规划

经营规划是 ERP 系统的最高计划层次，属于决策层。它是根据市场的信息与情报、企业的自身情况、企业发展战略和业内同行竞争等状况制定的。经营规划不直接输入 ERP 系统，而是作为企业生产经营的奋斗目标，这个目标往往是以经济指标的形式出现的，例如企业在行业内的排名、企业盈利目标、总产值、筹资和投资等指标。

（2）销售与生产规划

经营规划制定的利税、产值等相关经济指标必须通过销售产品或服务来完成。销售与生产规划是对经营规划的具体化，是把财务经济指标落实到销售与生产任务上去。

销售与生产规划是从企业的高层战略向中层计划过渡的管理层，在形式上属于高层规划，实际上是中层计划控制。

在制定销售与生产规划时，首先将企业的经营规划制定的产品类（或产品族）进行划分，可以分解到产品类（或产品族）的年度销售量。经营规划的分解要充分考虑市场需求预测值、客户订单、生产能力和资源配置等因素，还要考虑历史统计数据、产品生命周期、产品需求等因素。生产规划是根据销售规划量和管理水平的控制确定的。

（3）主生产计划

主生产计划是控制 ERP 系统进行其他计划（MRP 和 CRP）不可缺失的重要依据。在销售与生产规划确定后，把计划生产规划量按各产品在其产品族中的比重计算生产量，这个生产量作为主生产计划的预测量，并直接输入到系统数据库中。主生产计划的对象一般是独立需求的物料，在小批量多品种系列化生产方式下，主生产计划的对象往往不是最终装配的产品，而是组成这些产品的标准件、成组件和专用件。这时企业面对客户订单的是装配计划，主生产计划是各工位生产控制用的计划。

当生产规划的产品族仅有一个产品时，计划生产规划量就是主生产计划的预测量。主生产计划是明确企业生产安排的纲领性文件，企业各职能部门必须遵照执行。信息中心要及时检查生产部门、采购部门是否偏离主生产计划分解的相关需求，销售部门通过主生产计划可以明确客户的交货日期，反馈计划部门对计划的调整。

### 2. 需求管理

需求管理是通过管理技术有效地管理客户对企业提供产品的需求，这是销售规划、生产规划和主生产计划的重要依据。需求管理的对象是企业外部的客户和客户订单，它既要有效地管理已签订的客户订单，还要预测未签订的预测订单量。因此，需求管理的主要内容是产品销售市场预测和客户订单管理。

（1）销售市场预测系统

企业的规划和计划的制定，首先要进行预测。预测是决策的重要依据。采用不同的预测技术以及在预测时从不同的角度分析因果关系，同时考虑影响因素的数量和各因素所起的作用不同，得出的结论相差很大。这也是预测被重视或不重视的主要原因。选用适当的预测技术，得出较准确、可靠的预测结果，往往备受关注；选用不恰当的预测手段，得出错误的结论，造成误导，则认为预测无用。因此，预测技术的选用是预测准确性、有效性的关键。

（2）客户订单管理

客户订单是企业与客户已定的供货事实。加强客户订单管理主要从企业内部管理出发，在提高客户服务水平的同时还要详细分析客户订单。通过分析客户订单及时、敏捷地洞察市场波动，以最快的速度适应市场变化，及时规避市场风险，充分挖掘市场潜力，全面提高市场竞争力。客户订单管理的主要内容包括客户订单分析和客户订单输入系统。

对于预测内的客户订单，采用预测消耗逻辑，从预测中减去客户订单量；对于预测外的客户订单，通过标记自动增加到主生产计划中，以这类需求量来增加生产量。

客户订单管理是连接市场需求与企业生产能力的纽带，客户订单信息不仅直接与销售、生产和财务相关，而且与企业的计划、规划和战略密切相关，也为产品的服务、工程、工艺和设计提供了研发需求调研的途径。

### 3. 工厂维护管理

ERP 系统的维护管理是以资产、设备信息管理为基础，以工作单的提交、确认、执行、跟踪、关闭为主线，按照缺失处理、计划检修、预防性维修、预测性维护等几种可能，以提高设备的维修效率、降低总体的维护成本为目标，将采购管理、库存管理、财务管理、维护管理集成在一个数据充分共享的信息系统中，从而实现从设备投入使用到设备报废或转让出售的全过程管理。

ERP 系统的维护管理模块是为生产提供所需的设备性能，而非为修设备而修设备。它重视提升设备的可靠度及资产利用率而非仅是维修而已，主要包括预防性维修（维护管理）、预测性维护（PDM）、全员生产维护（TPM）、工作单管理、故障分析、BOM、JIT、看板管理以及项目管理、预算管理等功能。

### 4. ERP 系统的人力资源管理

人力资源管理是体现 ERP 系统与 MPR Ⅱ系统不同的主要功能之一。在 ERP 系统中，人力资源部门的领导可以通过 ERP 系统的中央数据库进行实时、全面的员工招聘、薪资、培训、人事和考核等管理。

### 5. 财务管理

ERP 系统通过成本实时管理有机地将企业经济活动与生产活动集成为一体，把企业的资金流与其他流程集成为一体。它具有会计电算化的所有功能，并能实测企业经济活动，做到事前计划（标准成本、模拟成本、定额成本等）、事中控制（作业成本、成本中心、成本定额等）和事后分析（在线数据分析、管理导航、提供解决方案等）。

## 二、客户关系管理系统

产品市场竞争的不断加剧、客户需求的多样化，使企业不再是以产定销，而是以客户为中心，以销定产。企业生产出来的产品不一定是资产，也有可能是负债，关键在于客户是否需要、是否能销售出去，客户关系管理是企业一切经营管理的起点。因此，企业必须掌控产品的客户群体，及时、全面、正确地掌控产品销售信息，了解在什么时候、以什么方式、向什么地方、销售什么产品、能销多少。为做到这一点，依靠传统的营销模式无法满足现代企业经营需求，必须采用信息技术，构建信息系统，实现客户关系管理。

### （一）客户关系管理的内涵

客户关系管理的提出与任何其他新思想、新理论、新技术的产生一样，是在技术推动、需求拉动和管理思想革新的前提下诞生的。由于消费者的消费意识逐渐加强，顾客已由过去的被动接受，转变为主动寻求自我需求，因此注重满足个性差异的顾客需求将是企业间的竞争趋势。在客户导向的时代，只有积极的个性化服务，才能提高消费者的忠诚度，抓住客户的心。CRM 关注的就是如何通过不断的沟通了解并影响顾客的行为，通过分析对顾客有效并可供参考的信息，增加新客户、留住老客户，根据客户的个性化需求提供专为客户量身定做的服务以提高客户的满意度并改善客户的利润贡献度。

### （二）CRM 系统的分类

按照目前市场上采用的功能分类方法，CRM 应用系统可以分为操作型、分析型和协同型三类。

#### 1. 操作型

操作型 CRM 通过给予角色的关系管理工作平台实现员工授权和个性化，通过业务流程的订制实施，让企业员工在销售、营销和服务支持的时候，得以用最佳方法提高效率。通过前台交互系统和后台可以无缝集成链接，并同步所有客户的交互活动，使相关部门的业务人员在日常的工作中能够共享客户资源，减少信息流动的滞留点，从而使企业作为一个统一的信息平台面对客户，大大地减少客户在与企业的接触过程中产生的种种不协调。简单来说，操作型 CRM 可以说是“快速并正确地做事”，也就是按照规章制度的要求和流程标准高效率地工作。

#### 2. 分析型

分析型 CRM 从 ERP、SCM 等系统以及操作型 CRM、协同型 CRM 等不同渠道收集各种与客户相关的资料，再利用数据仓库、数据挖掘等技术帮助企业全面地了解客户的分类、行为、满意度、需求和购买趋势等。主要原理是将交易操作所积累的大量数据进行过滤，然后存储到数据仓库中去，再利用数据挖掘技术建立各种行为预测模型，最后利用图表、曲线等对企业各种关键运行指标以及客户市场分割情况向操作型模块发布，达到成功决策的目的。也就是说企业可利用上述资料拟定正确的经营管理策略，所以可以说分析型

CRM 就是“做正确的事、做该做的事”。

### 3. 协作型

协作型 CRM 将市场、销售和服务三个部门紧密结合在一起，整合企业内部沟通，企业与客户接触、互动的渠道，包括呼叫中心、网站、电子邮件、即时通信工具等，支持他们之间的协作，使企业内各个部门之间协作畅通、数据一致，同时强化服务时效与质量，从而使 CRM 为企业发挥更大的作用。协作型目前主要由呼叫中心、客户多渠道联络中心、帮助平台以及自助服务帮助导航等功能模块组成，具有多媒体、多渠道整合能力的客户联络中心是协作型 CRM 的发展趋势。

## （三）CRM 系统架构

CRM 系统的核心是客户数据的管理。把客户数据库看作一个数据中心，利用它，企业可以记录在整个市场与销售的过程中和客户发生的各种活动，跟踪各类活动的状态，建立各类数据的统计模型用于后期的分析和决策支持。为达到上述目的，一套 CRM 系统大都具备市场管理、销售管理、销售支持与服务和竞争对象记录与分析的功能。

## （四）CRM 系统的功能

通过上述 CRM 的系统架构，可以总结一般 CRM 系统的功能。CRM 系统不是独立存在的，它必然与企业后端的供应链管理紧密相关，从而保证 CRM 系统中每一张客户订单能够在保证利润的前提下有效及时地得到确认并确保执行。每一笔销售交易的达成都有赖于企业后台的支撑平台，即 ERP 系统，其中包括分销与运输管理、生产与服务计划、信用与风险控制、成本与利润分析等功能。从 CRM 的本质上讲，CRM 主要包括销售管理、市场管理、客户服务与支持和数据智能分析等几个子系统。然而随着互联网技术的快速发展，CRM 也需要进行变革以适应新时代的需要，因此 CRM 引入了电子商务子系统。

另外，为了系统的相对独立，我们也把基础数据管理引入 CRM 系统，但一般这个子系统主要由 ERP 系统支持。

该模块实现对各类数据的分析、挖掘和辅助决策等功能。企业管理层需要了解各种业务数据，CRM 以图表的形式对企业的市场销售、服务、产品等各种业务状况进行统计分析，便于管理者能随时做出相关决策，及时把握市场商机，为企业带来更大的效益。该子系统支持在线对多维形式的数据采取钻取、切片、切块、旋转、透视等操作来剖析数据，使用户能从多个角度、多侧面地观察数据库中的数据。它具有各类报表管理、各类图形管理、各类分析管理、知识库日常管理、各类辅助决策管理、统计分析管理和决策方案管理等功能模块。

## 三、供应链管理

制造企业将近70%的成本是生产物料，正确把握什么时候采购什么物料、采购多少成为企业经营管理的关键。加强采购管理成为企业降低成本、提高效益的重要途径。随着信息技术的广泛应用，采购管理信息系统功能的不断扩展和性能的提高，企业间的竞争逐步演变成企业联盟的供应链之间的竞争。供应链管理（SCM）不仅是一种新的管理模式，也是信息化的重要应用领域和管理的重要手段。

### （一）供应链管理的内涵

供应链管理最早来源于彼得·德鲁克提出的“经济链”，而后经由迈克尔·波特发展成为“价值链”，最终日渐演变为“供应链”。它的定义为：“围绕核心企业，通过对信息流、物流和资金流的控制，从采购原材料开始，制成中间产品及最终产品，最后由销售网络把产品送到消费者手中。它是将供应商、制造商、分销商和零售商，直到最终用户连成一个整体的功能网链模式。”SCM是在满足一定的客户服务水平的条件下，为了使整个供应链系统成本达到最小而把供应商、制造商、仓库、配送中心和渠道商等有效地组织在一起来进行的产品制造、转运、分销及销售的管理方法。它也是一种集成的管理思想和方法，它执行供应链中从供应商到最终用户的物流计划和控制等职能。从单一的企业角度来看，SCM是指企业通过改善上下游供应链关系，整合和优化供应链中的信息流、物流、资金流，以获得企业的竞争优势。SCM是企业的有效性管理，表现了企业在战略和战术上对企业整个作业流程的优化。它整合并优化了供应商、制造商、零售商的业务效率，使商品以正确的数量、正确的品质，在正确的地点以正确的时间、最佳的成本进行生产和销售。所以，一条完整的供应链应包括供应商（原材料供应商或零配件供应商）、制造商（加工厂或装配厂）、分销商（代理商或批发商）、零售商（大卖场、百货商店、超市、专卖店、便利店和杂货店）以及消费者。

### （二）SCM的特征

SCM不同于核心企业的采购管理，不是简单的采购管理信息系统的实现，而是从企业联盟出发，优化产业链资源的整体协作管理。

#### 1. 顾客权利

不断增加的顾客权利对供应链的设计和管理有重要的影响。因为顾客需要和期望变化相对迅速，供应链应该快速和敏捷，而不是缓慢和僵化。

2. 长期定位

运作良好的供应链会从整体上提高单个公司和供应链的长期绩效。对长期绩效的强调表明供应链应该与供应商、顾客、中介和服务性企业等不同的参与者采取长期而不是短期合作。重要的是长期定位更看重关系型交换，而短期交换倾向于交易型交换。

3. 杠杆技术

可以说杠杆技术是对供应链产生影响的变化中心，计算能力和互联网这两个主要因素促成了大部分的变化。

4. 跨组织沟通的增强

因为供应链依靠大量的实时信息，因此信息能够在组织间无缝地传递非常必要。

5. 库存控制

SCM 的另一个特征包括库存控制范畴下的各种活动。在供应链中库存控制的一个方面是从间断模式转变为连续流。

6. 组织间协作

因为 SCM 的一个主要目标是从整体上优化供应链的绩效，而不是优化单个企业的绩效，因此供应链的参与者之间的协作非常重要。

### （三）SCM 的方法

供应链管理理论的产生远远落后于具体的技术与方法。SCM 最早多是以一些具体的方法出现的。常见的 SCM 方法有快速反应（QR）方法和有效客户反应（ECR）方法。

1. 快速反应（QR）

QR 是指物流企业面对多品种、小批量的买方市场，不是储备了“产品”，而是准备了各种“要素”。在用户提出要求时，能以最快的速度抽取“要素”，及时“组装”，提供所需服务或产品。QR 是美国纺织服装业发展起来的一种 SCM 方法。

2. 有效客户反应（ECR）

ECR 是 20 世纪末从美国的食品杂货业发展起来的一种 SCM 策略，也是一个由生产厂家、批发商和零售商等供应链成员组成的，各方相互协调和合作，更好、更快并以更低的成本满足消费者需要为目的的 SCM 解决方案。ECR 是以满足顾客要求和最大限度地降低物流过程费用为原则，能及时作出准确反应，使提供的物品供应或服务流程最佳化的一种 SCM

战略，它主要以食品行业为对象，其主要目标是降低供应链各环节的成本，提高效率。

3. 快速反应（QR）和有效客户反应（ECR）的异同处

两种方法都表现为超越企业之间的界限，通过合作追求物流效率化，具体表现为以下方面：贸易伙伴间商业信息的共享；商品供应方进一步涉足零售业，提供高质量的物流服务；企业间订货、发货业务全部通过 EDR 来进行，实现订货数据或出货数据的传送无纸化。但是在应用方法选择时，还有一些不同点，表现为：作用的对象不同，QR 对于零售企业有很重要的作用，而 ECR 对于第三方物流有很重要的作用；目的不同，QR 的目的是对消费者需求作出快速反应，ECR 的目的是以低成本向消费者提供高价值的服务。

### （四）SCM 功能

SCM 是在节点企业的采购和销售信息化的基础上实现企业间的信息化，它是沿着物流、资金流和信息流开展企业间的协调、融合和优化等管理的。SCM 的功能不仅包含企业内部管理的全部功能，而且衍生了企业合作关系的企业联盟相关的管理功能。

1. 配送网络的重构

它是指当采用一个或几个制造工厂生产的产品来服务一组或几组在地理位置上分散的渠道商时，当原有的需求模式发生改变或外在条件发生变化后引起的需要对配送网络进行的调整。这可能由现有的几个仓库租赁合同的终止或渠道商的数量发生增减变化等原因引起。

2. 配送战略

在 SCM 中配送战略也非常关键。采用直接转运战略、经典配送战略还是直接运输战略？需要多少个转运点？哪种战略更适合供应链中大多数的节点企业呢？所谓直接转运战略就是指在这个战略中终端渠道由中央仓库供应货物，中央仓库充当供应过程的调节者和来自外部供应商订货的转运站，而其本身并不保留库存。而经典配送战略则是在中央仓库中保留有库存。直接运输战略则相对较为简单，它是指把货物直接从供应商运往终端渠道的一种配送战略。

3. 供应链集成与战略伙伴

由于供应链本身的动态性以及不同节点企业间存在着相互冲突的目标，因此对供应链进行集成是相当困难的。但实践表明，对供应链集成不仅是可能的，而且它能够对节点企业的销售业绩和市场份额产生显著的影响。那么集成供应链的关键是什么呢？答案是信息共享与作业计划。显然，什么信息应该共享、如何共享、信息如何影响供应链的设计和作业、在不同节点企业间实施什么层次的集成、可以实施哪些类型的伙伴关系等就成了最为关键的问题。

4. 库存控制内容

库存控制主要包括一个终端渠道对某一特定产品应该持有多少库存，终端渠道的订货量是否应该大于、小于或等于需求的预测值。终端渠道应该采用多大的库存周转率，终端渠道的目标在于决定在什么点上再订购一批产品，以及为了最小化库存订购和保管成本，应订多少产品等。

5. 信息技术和决策支持系统

信息技术是促成有效 SCM 的关键因素。SCM 的基本问题在于：应该传递什么数据，如何进行数据的分析和利用，Internet 的影响是什么，EB 的作用是什么，信息技术和决策支持系统能否作为企业获得市场竞争优势的主要工具。

6. 顾客价值的衡量

顾客价值是衡量一个企业对于其顾客的贡献大小的指标。这一指标是根据企业提供的全部货物、服务以及无形影响来衡量的。最近几年来这个指标已经取代了质量和顾客满意度等指标。

# 第三章　企业专利信息化管理

## 第一节　专利权的内涵

### 一、专利权的种类

在专利制度下，专利权是法律授予技术创新者的一项权利，受到保护的是对技术方案的独占实施权、许可权、转让权等权利。不受专利制度保护的技术可以被称为“普通技术”，申请了专利权从而受到专利制度保护的技术被称为“专利技术”。专利技术本质上由两部分组成，核心部分是技术方案的本身，外层是专利制度给予技术专用的法律保护，二者缺一不可。不是任何技术申请专利都能得到授权，申请后只有通过新颖性、创造性、实用性等诸多授权条件的审查才能获得授权，所以专利技术具有两重天然属性，一个是技术的先进性，另一个是法律的独占性。

用一项技术申请专利，按照对产品改进的元素不同及创新点的高度不同将专利分为三类，分别是发明专利、实用新型和外观设计。按照我国专利法的规定，发明专利是指对产品、方法或者其改进所提出的新的技术方案，如发明了新的工艺、新的材料、新的配方、新的结构、新的产品、新的方法等都可以申请发明专利。实用新型是指对产品的形状、构造或者其结合所提出的适于实用的新的技术方案，实用新型仅适用于对产品的形状、构造进行改进的方案的申请，这里面所有可以申请实用新型专利的技术方案都可以申请发明专利；反过来则不可以，只有涉及形状、构造的技术可以申请实用新型专利。例如，一种具有防盗功能的瓶盖，结构设计很巧妙，既美观又防盗，这一技术方案属于对产品的构造进行了改进，可以申请实用新型专利。外观设计是指对产品的形状、图案或者其结合及色彩与形状、图案的结合所作出的富有美感并适于工业应用的新设计。例如，一种卡通猫仔外形的手持风扇、新的流线型车身设计等都可以申请外观设计专利。所以，从“专利技术”的角度理解专利，就需要多从技术的角度去观察，即技术所属的领域、所使用的技术方案、解决了什么技术问题、达到了什么技术效果等。

## 二、专利权的申请流程

企业要想获取一项专利权，需要一路披荆斩棘，通过重重关卡。下面简要介绍国内和国外两类专利权的申请流程。

### （一）国内申请流程

国内专利申请的基本流程可以分为创意阶段和申请阶段。

#### 1. 创意阶段

企业在研发项目的设计阶段、实施阶段或生产阶段，都会有技术改进或新技术产生的可能，这些技术构思成为创意，然后将这些创意用文字、图形等方式进行描述说明，包括技术方案内容、本发明的创新点和保护点、技术效果等方面，形成一份文档。这份文档有一个专有名称，叫作“技术交底书”。技术交底书写好之后，需要按照专利局官方的文档格式撰写专利申请文件。在撰写专利申请文件时，企业可以自行撰写，也可以委托专利代理机构撰写，目前绝大多数情况都是委托代理机构撰写。因为代理机构长期从事这项工作，经验更丰富，撰写出来的申请文件质量更好，保护范围更适宜，更有利于后续授权和维权。

#### 2. 申请阶段

申请阶段大致分为以下几个步骤：

（1）提出申请

将撰写好的申请文件通过国家知识产权局专利电子申请渠道或纸质申请渠道递交国家知识产权局进行申请，国家知识产权局受理以后会发出《专利申请受理通知书》，主要内容包括申请号、申请日、发明名称、申请人、发明人等。

（2）缴费和分类

企业需要缴纳申请费，国家知识产权局收到费用之后，会对这件申请进行分类，发明专利和实用新型的分类采用 IPC 和 CPC 两种分类体系，外观设计采用洛迦诺分类体系。

（3）初审

初审环节根据专利权种类不同分成了两个分支，一个分支是发明专利分支，另一个分支是实用新型和外观设计专利分支。先来看一下发明专利分支，发明专利如果初审不合格，需要申请人就不合格的问题进行补正，如果补正合格将进入下一环节，如果不合格申请将被驳回，初审合格会进入公开环节。再来看实用新型和外观设计专利分支，实用新型或外观设计申请如果通过了初审则会进入授权环节。

（4）发明公开

这个环节是针对发明专利而言的，实用新型和外观设计申请不涉及。在这个环节中，通过初审的发明专利申请文件将会按照规定的版式出版、公开。

（5）发明实质审查

这个环节是针对发明专利申请而言的，需要由申请人提出实质审查请求，即发明专利要想获得授权需要初审和实质审查（简称“实审”）两个步骤。是否进入实审，需要申请人提出，如果在申请日起三年内都没有提起实审，则该申请被认定为“申请视为撤回”，意思是由于申请人没有主动提出要求而进行实审，这份申请被当作由申请人撤回了。进入实审的申请，需要经过审查员的审查，通过检索现有的文献，包括专利文献、期刊文献、图书文献等，按照新颖性、创造性和实用性等审查规则，评判申请的专利是否满足授权条件；审查出任何问题，将会发出审查意见通知书，要求申请人答复。有时，这种往复的审查员和申请人之间的“PK”要经过多轮，最后如果审查员认为申请的技术方案没有可授权的内容，这份申请将被驳回。

（6）复审

复审环节是针对三种专利在初审后被驳回或发明专利实审后被驳回而设置的一个救济环节。复审由申请人提出，如果申请人觉得审查员审查有问题，可以提起复审，复审是指专利申请人对国务院专利行政部门驳回其专利申请的决定不服，请求专利复审委员会对其专利申请或者发明创造专利进行再审的一种法定救济途径。对于专利申请人来说，如果其专利申请被驳回，可以通过复审这一法定救济途径来维护自己的权益。

（7）授权

一份申请如果经受住了“考验”，该申请将被授予专利权。在申请人办理了登记手续和缴纳授权当年的年费之后，就可以取得专利证书了。随后，将最后审查过的申请文件内容再次出版、公告，此时的文本叫作“专利授权文本”。一般情况下，授权文本和公开文本主要变化体现在权利要求书部分，因为公开文本的权利要求书内容是申请人希望得到保护的内容，最后授权文本的权利要求书内容是经过审查员实审后确认的内容。也许申请人希望保护的范围有“西瓜”那么大，但是经过审查之后，授权的保护范围可能只有“芝麻”那么大。

### （二）国外申请流程

企业的产品或服务打算卖到国外，或企业在国外有分支机构，就会有在国外申请专利的需求，如某企业研发的电视机物美价廉，打开了国外市场，产品在某个国家销售，也需要和国内一样，通过申请专利以保护自己企业的产品不被侵权，由此就有了申请国外专利的需求。

到国外申请专利目前有两条途径：一条是直接到该国的专利局申请，即所谓的《巴黎公约》途径；另一条是通过世界知识产权组织中转申请，也就是“PCT”途径。下面分别简要介绍。

### 1. 《巴黎公约》途径

《巴黎公约》途径也就是直接到各个国家的专利局去申请专利，如想去美国申请专利，可以找一家美国本地的代理所代为申请。一般国家不允许外国企业直接递交专利申请，因此企业需要找一家申请国的专利代理所办理事务，这样专利局对该件申请更可控，主要是往复沟通更有保障。

如果产品想在美国、日本、德国、韩国等多个国家销售，这种模式就需要分别到这几个国家的专利局申请专利。

根据我国专利法的规定，采用这种方式申请国外专利，企业需要先在国家知识产权局申请保密审查，确认该技术方案是否可以去国外申请专利。如果通过保密审查，允许到国外申请专利，才可以在其他国家申请专利。企业一般的做法是先申请国内专利，同时提请保密审查，然后在国内申请日起算 12 个月以内，向外国申请专利。这里解释一下 12 个月的来历。根据《巴黎公约》的规定，签约《巴黎公约》国家的公民或法人在其他国家享有国民待遇，所以这里有个优先权的规定，就是一个国家的国民在本国申请专利后 12 个月内到签约的其他国家申请专利，可以享受本国的申请日作为优先权日。申请日的作用非常重要，是后续审查检索对比文件的重要时间点。申请受理以后的流程根据各个国家的具体规定办理，如缴费标准、答复流程等，采用《巴黎公约》方式申请专利可以申请发明专利、实用新型、外观设计三种类型。

以上就是通过《巴黎公约》途径向国外申请专利的一般流程，采用这种方式有个优点，就是申请灵活、时间机动；缺点是费用比较高、手续烦琐，各个国家的多个申请上没有通用的流程，即使各个国家的流程步骤、递交文件都相同，也需要每个国家分别走一遍。是否有相对简约的流程呢？下面来看一下 PCT 途径。

### 2. PCT 途径

先解释一下 PCT 这个词，PCT 是 Patent Cooperation Treaty 的缩写，即《专利合作条约》。

PCT途径申请国外专利，简单说就是“先集中后分散”的模式，集中的阶段是从受理到公开，这一阶段称为“国际阶段”；分散的阶段是从公开到授权，这一阶段称为“国家阶段”。

企业选择采用PCT途径申请专利，同样也需要做保密审查。企业可以直接向世界知识产权组织或者世界知识产权组织授权的受理局提交PCT专利申请，如我国的国家知识产权局就是受理局之一，受理之后进入国际检索报告、初审报告阶段，同时自申请日起18个月会在世界知识产权组织网站上公开。国际局或受理局基于检索结果会给出这件专利是否有授权前景的报告。至此，国际阶段已经走完了。接下来是国家阶段，就是这件PCT申请会根据企业的需要指定某些国家，然后进入各个国家的专利局完成审查，如指定了美国、日本、韩国三个国家，则会将这件申请同时转给这三个国家的专利局，按流程完成专利审查、授权。

目前企业一般的做法是先申请一件国内专利，同时提出保密审查，然后在12个月之内提出PCT申请，在16个月之前会收到国际检索报告和书面意见，18个月将进行国际公布，22个月之前提出国际初步审查请求，28个月之前收到专利性国际初步报告，然后在第30个月之前进入国家阶段。

采用PCT途径申请国外专利只能申请发明专利和实用新型两种专利，外观设计专利不在受理范围之内。采用这种方式的一个优点是一次申请可以在多个国家提起实审，简化了一些流程，也会降低一些费用支出。

## 三、专利权的一般性质

### （一）严谨性

专利权不是凭空产生的，是靠申请人申请得来的，需要通过一定的申请流程申请和审批才能获取专利权，所以取得一项专利权也并非易事，需要一路“通关”，最终才能拿到那本专利证书，如发明专利需要达到“三性”等要求才能被授予专利权。这里所说的“三性”分别是新颖性、创造性、实用性。新颖性就是在申请专利的时候，全球范围内没有与之一模一样（技术领域相同，要解决的技术问题相同，技术方案相同，最后达到的技术效果也相同）的公开的技术记载，简单说就是当前的这项技术与之前相比有区别就算有新颖性，如之前的笔帽是圆形的，申请专利的技术是方形的，新颖性突出的是“新”字。创造性就是跟现在已经存在的技术相比，其突出的特点并非显而易见的，需要一定的技术手段才能做到，表明其创新水平比较高，这就需要一些方法的判断，目前常用的是“三步法”判断，对审查感兴趣的读者可以看《专利审查指南》中的具体内容。创造性体现的是“高”字。实用性，就是申请专利的技术或外观设计是否实用，是否可以应用于工业生产，就是说申请专利的技术要有实用的价值，而不是为了专利而申请，如很多申请人申请过“永动机”的专利，因为该专利申请中的技术方案违背了自然规律，从能量守恒原理上来说，不可能不依靠外力就能让机械永远维持自行运转，所以，这种申请不具备实用性。因此，专利权是按照一定的流程审核确定的，具有很高的严谨性。

### （二）独占性

企业取得专利权之后，专利技术就会受到法律保护，本质上就是保护专利权的独占性，也叫排他性，就是权利持有人或合法的被许可人可以使用，其他人未经专利权持有人许可不能使用该项专利技术。利用这种独占性，可以将专利权进行“出租”或“卖掉”，也就是“许可”或“转让”等。专利“许可”的模式可以分为普通许可、独家许可、独占许可等。许可给多家公司使用是普通许可；只许可给一家公司使用，并且权利人自己也能使用是独家许可；只许可给一家公司使用，权利人自己也不能使用，是独占许可。无论是哪种许可模式，都利用了专利权的独占性这一鲜明的特征。

### （三）地域性

专利制度是由某个具体国家或地区制定和实施的，如中国、日本、韩国等。虽然专利制度的本质相同，但由于每个国家或地区的发展程度不同，各国或地区的生产力发展水平不同，所以导致了其专利制度具体规定有所不同。如我国有实用新型的专利类别，但美国就没有实用新型这个专利类别；又如，我国外观专利保护期是 10 年，专利权到期后，权利自动终止；而加拿大外观专利保护期虽为 10 年，但 10 年到期后，还可以续展一次，续展期限为 5 年。这种区别就形成了专利制度的地域性。也就是说，在中国申请的专利权只能在中国得到保护，在美国申请的专利权只能在美国得到保护，没有一种全球通用的专利权，所以专利权只能在指定的国家或地区申请并享受保护。

### （四）时效性

发明人发明一项新技术是需要研发成本的，以公开的代价换取了受保护的权利，各国为了平衡发明人公开付出的风险和得到的受保护权利制定了一个时间期限，就是说给发明人多长时间的专用权可以平衡发明人、社会公众之间的利益，各国的规定不尽相同。以我国为例，从申请日起算，发明专利保护期最长为20年，实用新型和外观设计专利保护期最长为10年。其他主要国家的专利保护期限设置年限各有不同，例如：

1. 美国的发明专利自申请日起保护期为20年，外观设计自授权日起15年；

2. 日本的发明专利自申请日起保护期为20年，实用新型自申请日起10年，外观设计自注册日起15年；

3. 韩国的发明专利自申请日起保护期为20年，实用新型自申请日起10年，外观设计自登记日起15年；

4. 德国的发明专利自申请日起保护期为20年，实用新型自申请日起10年，外观设计自申请日起20年；

5. 英国的发明专利自申请日起保护期为20年，外观设计自申请日起25年；

6. 法国的发明专利自申请日起保护期为20年，实用新型自申请日起6年，外观设计自申请日起25年。

### （五）不稳定性

前面提到专利权具有严谨性，即专利权是按照一定审查流程和标准进行授权的，但是专利权也有随时灭失的可能，主要有两种原因：一种是没有及时缴纳年费，意味着权利人已经没有继续维持这件专利权有效的意愿，当然也有可能是忘记缴纳年费，错过了缴纳年费的时机；另一种是专利权被“无效”了。下面分别简要介绍。

首先，关于年费缴纳。权利人在取得专利权之后，需要每年缴纳年费才能享受保护，而且年费需要提前缴纳，如果一直缴纳年费，则可以保护其专利权至法律规定的最长保护期限；如果从某一年开始不再缴纳年费将会导致其专利权被放弃，专利权也就终止了。其次，专利权被“无效”是专利权不稳定性的重要风险来源。如果有公司或个人向国家知识产权局对这项专利权提出无效请求，也就是试图证明在申请阶段存在实质性或程序性的瑕疵，那么一旦证明成功，这项专利权会被宣告无效，无效的含义并不是专利权到此终止，而是自始至终就不存在，就是说相当于国家知识产权局从来没有给这件专利申请授权过。最后，除了以上两种主要原因，还有一种情况就是专利权的持有人可以主动声明放弃已经取得的专利权，此后也将不再享受保护。

专利权的稳定性受多方面的影响，在企业专利管理中，首先，要定时评估每一件专利权的价值，以便决定是否需要继续缴纳年费；其次，要定期对专利权被“无效”的可能性进行风险监控和评估。

## 四、专利权的终结

了解了专利权的申请流程和基本性质之后，再来看一下专利权的终结问题。

前面提到了专利权具有不稳定性，取得了专利权之后会以哪些方式终结，也就是说什么情况下权利人不再享有专利权，下面介绍几种典型情况。

### （一）专利权转让

专利权的转让是权利被转移给了其他企业或个人，像实物商品一样，专利权转出了本企业，以后也就不再享有相应的权利。

### （二）专利权到期

专利的保护是有期限的，所以当专利权的维持达到了法律规定的年限，专利权将终止，此时这项技术就进入了公有领域，成为社会公共资源，其他企业使用的时候也不用再支付费用。

### （三）未缴年费

专利权的有效需要通过每年缴纳年费来维持，而且年费一般会随着维持的年限增加而提高。如果企业由于疏忽错过了缴纳年费的时机，则该专利权将被终止。当然，如果企业的专利权很多，为了维持这些专利权有效，每年缴纳年费对于企业来说也是一笔不小的开支。对于价值不高的专利，可以采用不缴纳年费的方式放弃专利权；如果权利人不再缴纳年费，则专利权就会被视为放弃，也会导致权利终结。

### （四）专利权被无效

专利权被无效是一个法律过程，即有人对专利权的授予提出质疑，申请这项授权是无效的。当然提出无效申请的时候必须拿出相应的证据，并经过专利局的审查，如果确实达到了无效的标准，则这件专利权将被宣告无效。

### （五）专利权主动放弃

专利权人可以主动向国家知识产权局提交一份放弃其享有的某项专利权的声明来放弃该专利权，声明放弃专利权，需要全部权利人的同意和书面签字，而且放弃时不能有所保留，如想保留权利要求1，放弃权利要求2~5，这是不被允许的，必须整件专利权全部放弃。如一项技术方案同时申请了发明专利和实用新型，由于实用新型审查周期短，相对于发明专利来说会先授权，当发明专利授权的时候，审查员就会让申请人选择是否放弃之前取得的实用新型专利权，只有放弃了实用新型专利权，这件发明专利才会被授权。

## 第二节 专利生态圈

### 一、创造圈

创造是专利权从无到有的过程，这里又分为技术创新和专利确权两个阶段。

要拥有专利权，首先要有创新的技术方案，所以进入创造环节的第一个角色是“创新者”。在我国，创新者主要包括企业、科研院所、高校三类。企业中，尤其是创新企业中一般有专门的研发部门，为产品研究新技术，解决用户需求。根据专利申请和授权的数量比例，企业在我国已取得专利权创造的主体地位，尤其是在应用研究方面，远远高于科研院所和高校这两大群体。2020年上半年，发明专利授权量排名前三的企业依次为华为技术有限公司（2772件）、OPPO广东移动通信有限公司（1925件）、京东方科技集团股份有限公司（1432件）。企业中的研发机构一般有研发中心、企业技术中心、工程技术中心、博士后科研工作站、院士工作站等组织形式。诚然，直接创造出新技术方案的还是每一名辛勤的科研工作者和技术人员，也就是技术发明人。除此之外，企业中还有专门负责专利管理的人员，一般被称为专利工程师，也叫“企业IPR”。

有了新的技术，要成为专利技术，还需要向国家的专利管理部门——国家知识产权局申请，然后专利审查员按照专利审查标准进行审查，经过审查员与专利工程师或专利代理师几番“理论”，达到授权标准的，该技术将被授予专利权。这里面涉及两个角色，专利审查员和专利代理师。首先来看一下专利审查员，审查员被戏称为“审碴员”，申请专利的时候，申请文件要经过审查员的审核才能被授予专利权。审查员在审核过程中依照审查标准会指出不符合法律条款的情形，这个过程被戏称为“审碴”。审查员一般包括初审审查员、实审审查员、复审审查员、无效审查员等，目前审查工作由国家知识产权局专利局负责，专利局下设初审、机械、电学、化学、实用新型、外观设计、协作中心，包括北京中心、天津中心、河南中心、江苏中心、湖北中心、广东中心、四川中心；当前，审查员队伍的规模达到1万多人。

目前，国际间的审查合作很活跃，如“全球专利审查高速路”项目就是各专利审查机构之间为加快审查建设的项目。PPH项目是两个或多个审查机构达成的协议，如中国和美国、中国和德国等。简单说就是相同的权利要求申请在不同审查机构审查时，在先申请的通过授权后，可以以此为契机向其他尚未开始审查的审查机构提出加快审查，目的是加快审查进度，尽快拿到授权。如申请人在中国申请了一件专利，然后以这件专利为优先权又向美国申请了专利，当中国这件专利被授权后，美国这件申请还没有开始审查，申请人可以依照中美之间的PPH协议，按照要求和流程，向美国专利商标局提出申请加快审查，如果条件都能达到，这件专利申请在美国专利商标局将进入加快审查通道。目前，我国国家知识产权局已经与全球30个左右专利审查机构达成PPH协议，方便了申请人在国外申请专利时提出加快审查的要求。了解更多关于PPH的内容可以访问国家知识产权局官方网站PPH专栏。

在我国，除了专利局和7个专利审查协作中心，还有多个“保护中心”和“快速维权中心”提供“预审”服务。预审服务就是在进入专利局正式审查前，由各地的保护中心或快速维权中心先进行审查，申请的专利如果属于当地优先支持的产业，并且有授权前景，则这件申请将被贴上“优先审查”的标签，这样在后续专利局或审查协作中心正式审查时可以加快审查速度。目前，各地保护中心和快速维权中心在持续建设中，已经建成的保护中心有中国（中关村）知识产权保护中心、中国（北京）知识产权保护中心、中国（滨海新区）知识产权保护中心等26家，快速维权中心有中国北京朝阳（设计服务业）知识产权快速维权中心、中国南通（家纺）知识产权快速维权中心、中国镇江丹阳（眼镜）知识产权快速维权中心等19家。

接下来看一下经常与审查员“挑战”的专利代理师，专利代理师是为申请人提供服务的，由于专利申请的专业性很高，尤其会涉及一些法律方面的事务，所以在企业专利申请的统计中，约92%以上的企业都采用了委托代理机构申请的方式申请专利，也存在少部分由企业自行申请的情况。从事专利代理工作，首先需要考取专利代理师资格证书，可以在专利代理师网站进行报名考试，在代理机构经过实习后取得执业资格证才能成为正式的专利代理师。截至2020年10月底，中国共有53 009人取得专利代理师资格，执业专利代理师22 768人，专利代理机构3156家，了解更多专利代理机构信息，可以访问“中华全国专利代理师协会”。

创新圈（专利创造阶段）是整个专利生态圈的起点，是一切后续活动的基础和源头，创造的数量和质量提高是由企业、科研院所、高校、代理机构、国家知识产权局等主体共同努力造就的。

## 二、保护圈

专利权产生之后，应受到严格的保护，只有保护得好，专利权的创造才更有价值，专利权的后续运营才有保障。其实，这更像在履行一项契约，发明人公开了自己的技术，法律应该提供严格的权利保护，如果不能提供保护，规则被破坏，专利制度将无以为继。所以，专利保护的核心就是维持权利人的合法权益不受到破坏。

我国目前提供司法和行政执法两种方式的专利权维权途径。如果专利权人发现其他企业有疑似侵权行为，可以通过到法院起诉的方式解决。为实现专利等技术类案件的审理及时有效、标准统一，目前我国最高人民法院设立了知识产权法庭，同时在地方设立了 3 家知识产权法院、20 家知识产权法庭，统一审理专利等专业技术性较强的民事、行政知识产权案件，形成了“1+3+20”的知识产权审判机构格局。3 家知识产权法院包括北京知识产权法院、上海知识产权法院和广州知识产权法院。20 家知识产权法庭包括南京、苏州、武汉、成都、杭州、宁波、合肥、福州、济南、青岛、深圳、天津、郑州、长沙、西安、南昌、兰州、长春、乌鲁木齐、海口。

除了法院这条司法途径以外，我国还有一条专利行政执法的途径提供专利权的保护，即由政府的相关部门承担假冒专利、专利侵权纠纷处理事务，如国家市场监督管理总局执法稽查局、北京市知识产权局、上海市市场监督管理局等地方市场监督管理部门。

司法途径具有审理层级多、时间长、程序严密等特点，行政执法途径具有执法程序简便、处理快、效率高、成本低等优势，经过多年的实践检验，这两种途径并存，符合我国当前的国情。

目前，国家知识产权局提出了包括专利在内的知识产权保护方向，即“严保护、大保护、快保护、同保护”。

“严保护”，即严格保护，如引入惩罚性赔偿措施，加大对各类侵权行为的惩治力度，让侵权者付出沉重的代价等。

“大保护”意思是说国家知识产权局和有关部门一起综合运用审查授权、行政执法、司法保护、仲裁调解等多种渠道，形成知识产权保护的合力。

“快保护”就是要利用知识产权保护中心、快速维权中心的建设实现快速审查、快速维权的协调联动，向社会公众提供更加便捷、高效、低成本的维权渠道。

“同保护”即要求对国内企业和国外企业、对国有企业和民营企业、对大企业和小微企业、对单位和个人的知识产权一视同仁，做到同等保护，营造更好的创新环境和营商环境。在此方针指引下，专利保护环节必将越来越出色。

## 三、运用圈

专利权的运用是企业专利管理中的一项重要内容，是专利权实现价值化的过程。专利权的创造是与技术创新紧密相关的，而专利权运用则与市场运作密不可分。

专利制度有着很多优势，但取得的专利权如果得不到充分运用，被保护的技术方案就不会转化为现实的生产力，还会在一定程度上阻碍技术进步，此时优势会变成劣势，所以要加大专利权的运用。专利申请被授权后，就成了企业的一份无形资产，看不见，但用得着。既然是资产，就有其价值，实现专利权的价值有很多种方式，如可以保护产品市场、获得侵权赔偿、获取专利权许可费用、获取专利权转让费用、质押融资、作价投资、获得各级专利奖励等。

这个环节涉及的各类主体非常多，如企业、银行、保险公司、担保公司、政府主管部门、知识产权服务机构等。

制约专利权运用的根本因素在于前面的“创造”和“保护”两个环节，即专利本身的含金量高低和市场的保护强弱，专利技术本身价值很高，市场保护非常严格，那么在运用环节将更为顺畅。同时，专利运用的优劣会对专利创造产生严重的影响，如果专利运用得好，如可以为本公司的产品销售保驾护航，那么企业就会获得更多收益，进而有更多资金投入研发中，研发更新颖、更先进的技术，由此创造出更多、更好的专利，形成一个良性循环。因此，专利的创造、保护、运用构成了一个互相影响、互相制约的闭环，提高这个循环水平的根本还在于高价值专利的培育与产出。

可喜的是，我国专利水平在稳步提高，专利运用也得到充分的发展。据统计，2020年，我国知识产权使用费进出口总额超过463.1亿美元，其中，出口额86.8亿美元，同比增长31.5%。

## 四、管理圈

专利的管理主要包括对整个专利行业秩序的制定和监控，围绕创造、保护、运用、服务四个环节，对整个专利生态圈各项业务起到方向标和指挥棒的作用。

广义的专利管理参与的主体很多，包括国家知识产权局、科技部、中科院、教育部、市场监督管理总局、商务部、最高人民法院等，以及地方相关部门。科技部主要管理科技创新体系，管理和提高技术创新的质量，管理国家科技重大专项等研究项目，在企业中设立和管理国家技术工程中心等，为创造高质量专利提供源头保证；国家知识产权局管理内容主要包括知识产权行业的战略规划、专利确权的管理、专利服务业管理、专利人才管理、国际间合作等；其他主体单位各有相应的业务管理权限。

狭义的专利管理主要集中在国家知识产权局和地方专利管理部门，国家知识产权局的主要职责在宏观管理上，如知识产权战略规划与实施，专利法及实施细则等相关法律和部门规章等政策的起草、制定和修订，知识产权人才培养计划，知识产权国际交往等，国家知识产权局下属的专利局主要负责专利申请的审查、复审和无效的审查等专利确权业务。地方专利管理部门主要对本地区的专利业务进行管理，如地方专利政策的制定、专利政策的执行、专利侵权案件的行政执法等。

## 五、服务圈

专利服务包含的内容很多，参与的市场主体也很多，其核心是围绕创造环节、保护环节、运用环节、管理环节提供专业服务。

创造环节中的典型服务有专利挖掘服务、专利托管服务等，这类服务主要提供给没有知识产权专职管理人员或管理力量比较薄弱的企业，尤其是专利托管服务，主要是针对小微企业而存在的，就是将企业的专利挖掘、布局、代理及授权后的运营都由专业的托管机构负责。在创造环节还有一项重要的服务就是专利申请的代理服务，企业有了创意，形成了技术交底书，如果本企业没有申请专利的专业人员，此时委外申请是一条最常用的途径。专利代理机构从接到企业技术交底书开始，常规服务包括把单纯的技术文件变成保护技术的专利申请文件、缴纳费用，以及后续与审查员的通知书答复、复审环节的服务等，一直到该申请结案为止。

保护环节的典型服务包括专利无效、侵权诉讼等，主要围绕专利权是否可以正常行使开展。无效服务包括主动无效他人专利权和被动的无效应诉。同样，侵权诉讼也包括主动起诉其他企业侵犯本企业专利权和被动应诉其他企业发起的侵权起诉。如某企业 A 开发的一款产品特征与另外的一家企业 B 专利权完全相符，如果此时 B 企业起诉 A 企业产品侵权，则 A 企业可委托专利代理师或律师选择到国家知识产权局专利局复审与无效审理部去无效该专利，搜集证据后发起无效请求，经过审查员审查认定，最终会给出维持该专利全部有效、该专利部分无效或该专利全部无效三种结论之一。如果对国家知识产权局作出的无效决定不服，可继续向知识产权法院、高级人民法院提起行政诉讼，一直到该案件结案为止。除此之外，保护环节的服务还包括维权援助、司法鉴定服务等。

运用环节的服务有很多，包括质押融资、专利池运营、运营咨询、运营基金、许可转让、金融服务、专利保险、专利价值评估、专利证券化等。这个环节的服务主要围绕专利权的价值认定、变现、转移等开展。例如，某企业拥有一件专利权，其中技术价值也很高，此时有很多种运用方式，通过第三方的服务机构可以将该专利许可给其他企业使用取得专利授权费，还可以一次性将该专利转让给其他企业。如果资金短缺，可以到银行等金融机构将专利权作为抵押物获取贷款。与同行中其他企业专利组成专利池，向外统一许可，收取许可费，这些都是运用了专利权作为资产的属性来运作的。当然，这些也都需要专业化的服务商来提供服务，辅助企业更好地实现专利价值。

在管理环节，同样需要各种类型的服务，如产业导航服务、分析评议服务、信息化服务、专利奖评选服务等。为了发展本区域的特色产业，摸清产业的技术构成及发展趋势，需要进行产业导航分析服务；在上马某个重大项目之前，为了避免盲目投资，需要分析评议服务；在国家知识产权局或地方专利管理部门的具体管理中还经常需要信息化服务，比如专利审查管理系统、公共检索服务系统、专利资助管理系统等；为了引导高价值专利的培育，需要举办各类激励性质的评选活动，此时也需要服务机构提供专业化的服务。

专利的创造、保护、运用、管理和服务五个环节构成了丰富多彩的专利“生态圈”，参与到其中的企业 IPR、专利代理师、专利审查员、法官、律师、政府管理人员等构成了生态圈里面的重要角色，如果想更多了解各个环节的内容，每年的中国知识产权年会是一个非常好的学习平台，通过各类主题会议中专家的讲座以及观展，可以亲身了解“创造、保护、运用、管理、服务”各个环节的知识内容和发展趋势。当然年会中不仅有专利方面的内容，还包括商标、地理标志等方面的内容，可以称为一个知识产权精彩的年度大舞台。在年会上有服务的展览和各种主题的会议，参展商主要以提供代理服务、信息服务、法律服务等为主。参会组织囊括了国家知识产权局、企业、服务商、专利局、地方知识产权管理部门等专利生态圈中的各种角色的群体。年会上主题会议的演讲嘉宾水平都很高，包括国内外的专业人员，参会人数逐年提高。

## 第三节　企业专利管理的依据

### 一、一部国家标准

《企业知识产权管理规范》（GB/T 29490—2013）是由国家知识产权局起草制定、原国家质量监督检验检疫总局和国家标准化管理委员会批准颁布的一项推荐性“国家标准”。该标准是我国第一部企业知识产权管理国家标准，贯彻执行该标准可以使企业建立一套系统和完整的知识产权管理制度、管理方法、工作体系和工作程序，使研发、生产等各个环节中涉及知识产权因素的活动都处于受控状态，从而达成企业知识产权战略目标，为企业的发展提供支撑。企业贯彻执行该标准的活动称为“贯标”。该标准于 2013 年 3 月 1 日实施，2015 年 6 月 30 日国家知识产权局、科技部、工业和信息化部等八部门联合印发《关于全面推行〈企业知识产权管理规范〉国家标准的指导意见的通知》，将贯标工作推向高潮。2017 年 3 月，基于该标准及《科研组织知识产权管理规范》《高等学校知识产权管理规范》三个标准提出的首个知识产权管理新国际标准提案《创新管理　知识产权管理指南》获得国际标准化组织创新管理标准化技术委员会批准立项，标志着基于创新管理全过程的知识产权管理国际标准制定工作的正式启动，也标志着中国知识产权管理方面的经验开始走向世界。

经过最近几年的贯标推进工作，目前全国已有数以万计的企业通过贯标认证。实践证明，贯标工作在促进企业技术创新、改善企业市场竞争地位、支撑企业持续发展及提升企业核心竞争力方面确实起到了极大作用。

这份标准内容涉及企业知识产权日常管理中的方方面面，包括专利权的获取、维护、运用、保护、管理、保密，以及研发立项、采购、生产、销售和售后等环节。在标准中非常重要的一条原则就是管理过程要符合 PDCA 循环的过程，PDCA 即“计划（Plan）、实施（Do）、检查（Check）、改进（Act）”四个步骤。PDCA 循环是美国质量管理专家沃特·阿曼德·休哈特博士首先提出的，由世界著名的质量管理专家爱德华兹·戴明博士采纳、宣传，该理论才得以在企业中普及使用，所以又称“戴明环”。其本质就是“事前计划、事中检查、事后总结”并带有“纠错”机制的过程管理方法。管理过程经过这四个阶段循环往复之后，管理效果会得到逐步改善和提高。这部标准也可以作为制定公司专利管理办法的参考和依据。

当前，为了提高企业的知识产权管理水平，国家在大力推进该标准的贯标工作，各地目前都很重视该贯标工作，有些地区对于通过贯标的企业还会有一定的费用资助。在企业实际专利管理活动中，要非常重视这部标准，仔细研究标准中各个条款的要求，并将标准中的要求落实到实际工作中去，尽快通过贯标认证。

## 二、一套管理办法

在《企业知识产权管理规范》（GB/T 29490—2013）的指导下，企业无论所处行业和规模大小、无论发展程度如何，开展专利管理工作之前都应该制定一套符合本企业实际情况的更加详细和具体可执行的“企业专利管理办法”。制定该办法一般由专利管理部门牵头，广泛征询研发、销售、财务等部门的意见，最终还要经过公司高层领导的认可并正式发布，以此作为以后开展专利管理工作的具体要求。

企业专利管理办法应包括战略层和战术层两个层次的内容。战略层的内容，就是企业对于专利这项业务方向性问题的回答，如本企业搞专利为了什么、要达到什么目的，这是所谓战略层的范畴。举个例子，某企业的专利战略定位为：发展专利业务是为了提高企业产品的技术含量，增强核心竞争力，保护产品在市场中保持优势地位，进而提高整个企业的竞争力。在战略指导下，就是战术层的内容，有了方向，就该解决“怎么做”的问题了。企业的专利管理办法中战术层面的内容，一般按照从宏观到微观，从概括到具体，从申请前、申请中到申请后全流程管理的思路进行设计，涉及人、机构、流程、经费等很多方面。

“企业专利管理办法”的主要框架包括总则、机构、权属、申报、保护、运用、奖励、处罚等内容，用以全面说明企业开展专利业务的规定及执行办法。下面分别简要介绍各部分的主要内容，为需要制定企业专利管理办法的读者提供一定的参考。

“总则”部分主要说明制定该管理办法的目的、目标等，也就是说首先开宗明义地介绍为什么要制定这部办法，以及专利管理业务所要达到的具体目标，可以包括宏观目标，也可以包括微观目标。

“机构”部分是为了解释说明管理专利工作的部门设置及主要职责，目的就是定义专利管理部门的业务范围及任务要求，如“起草本公司的专利战略”“编制经费预算”“负责专利申报”等。

“权属”部分应该明确规定什么样的发明属于职务发明、什么样的发明属于非职务发明，多个子公司之间合作的发明权属如何界定、本公司与外部单位合作的发明权属如何界定等，总之要分清专利申请权或专利权在本公司、子公司及外部合作单位之间的权属问题，为后续运营扫清权属纠纷的隐患。

以上三部分是专利管理的基础保障，这三个方面的问题考虑清楚了，后面的具体事务管理就会轻松很多。

“申报”部分的规定主要是制定申报的流程，如从发明人提交申请需要经过哪些步骤的审核最终可以进入申请文件的撰写阶段、撰写阶段和代理机构的交互过程是怎么样的、什么时机下需要发明人参与会签等，这些均需要规定好。

“保护”“运用”两部分是针对已经授权的专利而言的，包括年费的缴纳、专利权的评估、侵权产品发现的处置规则、专利权转让、专利权许可等内容。

“奖励”“处罚”等部分是针对在专利申请、保护、运用等过程中的奖惩规定，比如申请的奖励中可以设计根据专利法的要求发明专利授权后奖励发明人的奖励额度、实用新型和外观设计的奖励额度等，以及对同一件专利多个发明人如何分配奖金作出明确的规定。

针对以上各方面内容，每一项工作都要有明确的工作流程。专利管理属于企业管理中一项具体的管理分支，既然属于管理范畴，就应该实施流程控制，这样在专利管理时不会手忙脚乱。专利管理过程中很多重要因素会影响专利申请能否获得授权，以及专利权的稳定性，所以必须采用“信息对等”和“群智群策”的流程会签方法，涉及的人员一定要沟通到位，防止单个环节考虑问题不周全、不客观等作出错误的决定。创意的审批、专利代理师撰写申请文件质量的评估、审查意见通知书的答复审核、年费缴纳的评估、专利申请撤回的评估等，都需要发明人、专利代理师、专利工程师、相关的各级负责人等共同参与审批。

制定流程之前首先要梳理业务，一是根据业务逻辑制定一个各流程的草稿；二是与相关部门一起确定一下流程细节问题，如审批的岗位、审批的类型、审批人的角色设置等。除了审核过程的人员和组织方面要深入思考和规划外，制定流程时要充分考虑流程中的细节问题。以创意的审批流程为例，这个流程的重点是对技术交底书的审批，用来审批发明人提交的技术方案是否具有保护价值，以及用哪种方式保护最合适。是否具有保护价值取决于技术方案的含金量，如果经过审批确认技术含金量不高，属于现有技术的简单拼凑，则无须采取保护；如果有一定的技术含量，则此时需要决策以哪种方式进行保护；如果同行的竞争对手也可以在短时间内研发出该技术，则可以采用申请专利的方式；如果技术很复杂且难以用反向工程的方式加以破解，则技术秘密是一种很好的保护形式；如果没有达到申请专利的技术水平，但又担心竞争对手会去申请专利，则可以采用防御性公开的形式处理，如发表论文或在本公司官网发布一下相关内容等。这些逻辑都要事先设计好，以保证事务处理的正确率和高质量，并在审批的时候可以顺利完成流转。

专利管理办法在执行过程中会随着企业专利业务的深入和扩展，遇到很多新的情况和问题，所以该办法应该根据实际情况定时进行修订，如每年修订一次，以期达到最大的效果，防止成为“摆设”。该办法修订时注意办法版本的留存，比如2010年版、2020年版、2021年版等，方便出现问题时可以追溯。

# 第四节 专利信息化管理的要求

## 一、信息化与信息

“信息化”这个词是一个动词，表示一种现代化的管理过程。信息化这个词最早是20世纪60年代由日本学者梅棹忠夫提出来的，70年代传播到欧美国家。我国在20世纪末于深圳市召开了第一届全国信息化工作会议，开始了社会信息化工作的进程，并且在电子政务信息化方面陆续实施了“两网一站四库十二金工程”。

信息化的前提是数字化，数字化就是将现实世界中的事物映射到0、1的二进制编码数据，并通过可视化终端来呈现，信息化管理是通过操作数据来达到管理现实事物的过程。上面这个说法可能读起来还是比较费解，举一个例子：在没有电脑游戏的时候，我们下象棋一般是找一张桌子、摆上棋盘，拿着木质的棋子来玩。有了计算机技术之后，我们可以把下象棋的规则，如“马走日、象走田”这些游戏规则进行逻辑编码，将现实的棋盘、棋子通过图像技术制作成虚拟的棋盘和棋子，最后玩家可以用鼠标来下象棋。这个过程，就是将现实的下象棋进行了数字化处理。如果是经营一家棋牌室，原来是玩家们在牌桌上游戏，通过将游戏数字化，以后玩家们可以通过触摸式大屏幕来玩游戏，甚至可以通过手机来开战。经营棋牌室可以通过一套系统去管理玩家和收费，那么棋牌室就完成了信息化的过程。

当然，以上仅是一个简单的小例子，而企业的信息化管理是将现代信息技术与先进的管理理念融合起来，简单说就是将管理理念、方法等融入具体的系统、平台中，通过操作管理系统或平台达到管理的目的。通过信息化工作可以转变企业的生产方式、经营方式、业务流程、传统管理方式和组织方式等，重新整合企业内外部资源，提高企业效率和效益、增强企业竞争力。具体而言，为实现企业专利的信息化管理，应在企业专利管理业务中引入一套信息化管理软件，该软件系统会对专利业务的管理提供极大的便利，这就是人们常说的“工欲善其事，必先利其器”。

了解了专利信息化管理，再来认识一下“专利信息”。我们经常会听到“专利信息”这个词，如专利信息检索、专利信息分析、专利信息管理等。那什么是专利信息？什么是专利数据？我们在专利管理范畴内看一下。

首先来看一下信息的概念，对信息的理解，目前分为“本体论”和“认识论”两种学说。本体论认为信息就是事物的运动状态和变化方式，是客观的，如一朵盛开的花，包含的信息就是这朵花的全部，包括颜色、瓣数、花朵的直径、盛开度等，这些构成了这朵花全部的信息，不论什么人看到都是不变的；认识论认为信息是事物接收者对事物的运动状态及变化方式所能感受到的内容，如上面说的一朵盛开的花，路人甲看到的花很红，路人乙看到的花是一般红，路人丙是个红绿色盲，看到的可能是一朵灰色的花，这就是人们常说的“各花入各眼”，原因是每个人的知识背景不同、观察角度不同，接收的内容也就不同，这些接收到的内容反映在大脑中就是认识论认为的信息。其次，相比于本体论中的信息，认识论中的信息是不真实的，是片面的，需要全面观察、深入研究才能获取更多的本体论中的“信息”。可以这样理解，本体论中的“信息”是全部，认识论中的信息是“部分”，本体论中的信息内容是唯一的，认识论中的信息内容是千差万别的。

从认识论角度出发，当看到一篇专利文献，通过眼睛阅读文字和其中的图表，文字和图表进入大脑，然后基于知识背景有一个理解的过程，最终有一个理解后的“输出”，获知了专利文献中的各类事物，如申请人是谁、技术方案中的技术特征有哪些、技术效果如何等。这里的“输出”由于受不同人的知识背景限制，会有所不同，就像一件古董赝品，不同水平的专家会给出不同的结论。在这个过程中，为大脑输入的“专利文献”就是“数据”，经过大脑理解分析得出的“输出”就是“信息”，信息会引导我们进行下一步的行为。信息是存在于我们大脑中的，植入一个载体后，又成为接收者输入的数据。比如专利分析师 A 分析专利文献，专利文献对于 A 是一份数据，经过 A 分析后得到的信息用文字记录在纸上，成为 A 的信息表达，同时也是其他人阅读的数据。

## 二、信息化管理要求

上面介绍了信息化、信息与数据的相关内容，使读者对信息化管理有了一个清晰的认识。那么，在专利管理中如何对一项业务理解得更准确，更好地指导下一步工作，总结起来需要从以下三个方面入手。

### （一）保持活动有序

人们在车站窗口购买车票的时候，如果不排队，大家一起挤，时间会浪费在争抢的过程中，因为这是一种无序的状态，而排队是一种有序的状态，所以排队对整个售票来说是效率最高的。在信息系统中，对流程的控制非常重要，也就是将管理活动有序化，如各类工作流程的审批需要合理设置，这样才能提高工作效率和质量。

### （二）输入的内容更全面

信息记录为数据时必须全面，“只言片语”得到的分析结果只能是“断章取义”。为了防止“盲人摸象”的情况发生，需要增加数据采集的维度和细化颗粒度。例如，在竞争对手的数据记录中，尽可能多地记录竞争对手的专利数据、发表的论文数据、市场调研得到的产品数据、商业活动数据等，这样对于全面分析、洞察竞争对手现在的状态和未来发展趋势是很有用的。

### （三）分析的力量更强大

计算机处理的一个显著优势就是计算速度快，要想在大量数据中快速得到需要的内容，就需要建立更多、更准确的分析模型，这样才能更加准确、快速地得出数据中所蕴含的准确内容。对于专利管理人员而言就需要不断学习，增加知识储备，不断实践，积累经验，才能更好、更准确地理解专利业务的本质。

基于此，在企业专利管理中，在信息化系统的功能上一般会要求规则严、记录全、分析强、速度快。在现代化的企业管理中，信息种类越来越多，信息量也越来越大，需要采用信息化的手段去采集、处理、存储和可视化呈现信息。采用信息化手段可以使信息采集得更及时、记录得更全面、处理得更快速和使用得更方便。

专利管理中涉及的信息包括内部信息和外部信息。内部信息主要包括用户信息、组织信息、产品信息、流程审批信息、创意信息、申请信息、专利权信息、提醒信息、缴费信息等，外部信息主要包括政策信息、行业信息、竞争对手信息等。

采用信息化软件的管理方式，在国家标准《企业知识产权管理规范》（GB/T 29490—2013）中有多处明确的要求，整个标准中明确提出的信息化管理要求，考虑到实施标准的企业知识产权发展程度差异、资源配置力量差异，所以，没有作统一要求，而是作为一个可选项。但从知识产权管理的实际出发，标准中提到的知识产权管理软件、数据库等信息化手段是十分必要的，应用信息化手段除了可以高效处理更大量的信息外，还可以快速地处理和展现数据之间的内在联系并及时推送信息等。

此外，标准中除了以上明确提到的信息化管理要求，在不同章节也隐含地提出了要求。如果采用纸件的“审核和批准”活动，则无法实时跟踪审批状态，有时无法同时送达会签人会签，无法保证审批结论表述的一致性，以及无法做到及时提醒审批人等；如果采用工作流程技术控制，可以很好地解决这一问题。这就是标准中对于信息化管理的隐含需求，没有明确说明采用信息化手段去做，但是如果采用信息化手段可以更好地达到标准中要求的效果。

2020 年 2 月，国资委和国家知识产权局联合印发了《关于推进中央企业知识产权工作高质量发展的指导意见》的文件，该文件主要针对国资委管理的 97 家中央企业的知识产权工作作出了部署，其中第十九条明确提出，提高知识产权管理信息化水平。搭建信息化管理平台，实现知识产权业务流程化和规范化。建立专业化数据库，加大信息集成力度，提高综合研判能力。建立竞争情报分析和信息共享机制，支撑经营决策、技术研发和市场开拓。事实证明，在企业中建设专利管理信息化平台已经成为一种必然的选择。

在“互联网+”、大数据、人工智能技术高速发展的今天，企业专利的管理不能脱离信息化的系统或平台来辅助管理，否则就会落后于时代，给企业专利管理工作带来诸多不便。

## 三、信息化管理框架

通过大量的专利信息化管理系统的项目实施和经验总结，发现在实际管理中一般遵循“分段、多源、评审、快速、易读、安全”的管理框架，可以很好地提高专利管理的工作效率和工作质量。

### （一）分段管理

一件专利权从产生到消失有一个过程，这个过程常常被称为专利的全生命周期。对专利的全生命周期进行管理，尽可能地按照企业内部决策期、官方申请期、维护运用期等三个阶段来分段管理，就是将专利在创意的挖掘阶段、专利权的申请阶段、专利权的维持和运营阶段分段管理。分段管理的优点主要有两个方面：

一是逻辑清晰，在专利的挖掘阶段或者说创意阶段只管理本阶段的事务，因为不是所有的创意都可以申请专利，有的创意价值度低，有可能被舍弃。同理，不是所有的专利申请都能获得专利权，有的申请可能被驳回，有的申请可能被告知没有授权前景而被视为撤回，而有的申请根本就不会发起实质性审查，只有被授权的申请才是受到保护的技术方案，才是正式的专利权，才能成为企业的一份无形资产。所以，需要一个阶段管理一个阶段的信息，不能所有阶段的信息都在一个模块进行管理，这样会导致信息混乱，逻辑不清晰。

二是方便分配管理权限，在利用信息化软件进行管理时，信息被梳理得越有条理、切割得越细，在分配用户的数据权限时越细致和准确。如某个用户只能被允许浏览授权后的相关数据，在创意阶段和申请阶段的数据不允许看到，这时如果所有的数据都记录在一条记录中，则不容易区分数据操作权限。

当然，分段管理也有一定的弊端，主要是数据冗余。为了保持各个阶段信息的关联性，不同阶段数据的某些字段必然会有重复记录的情况，如“申请号”这个信息既会被记录在申请阶段的记录中，又会被记录在专利权维持阶段的记录中。

### （二）多源管理

多源管理就是管理的数据会有多个来源，一般有内部数据源、外部数据源，再进行细分可以分为本企业数据源、代理机构数据源、官方数据源、其他数据源等，这些数据往往是异构数据，有 xml 格式、文本文件、音视频文件、数据库文件等。因此，对这些多源异构数据进行很好的关联和管理是一件重要的工作。

本企业数据源主要是企业内部产生的数据，技术交底书、各类审批过程数据、专利管理办法、缴费数据等。

代理机构数据源就是代理机构提供的数据，包括撰写好的申请文件、答复意见、缴费账单等。

官方数据源主要是国家知识产权局、法院等机构的数据，包括专利文献、无效决定、法院裁判文书等。其中，专利文献作为一类非常重要的官方数据，主要包括在专利申请过程中，国家知识产权局官方公布的专利公开文本、授权文本、更正文本、法律事务文件等文档。专利文献中的专利说明书数据比较重要。专利说明书是申请人提交申请以后各国专利局按照一定版式出版公开的法律文件。发明专利包括公开文本和授权文本，实用新型和外观设计一般只有授权文本。这些专利说明书日积月累，构成了海量的技术、法律文档库，成为技术查新、审查检索、无效检索等主要的数据来源。下面介绍一下专利说明书的文档结构，它对于看懂专利说明书上的内容非常重要。

以我国发明专利说明书为例，专利说明书一般由著录项目、摘要和摘要附图、权利要求书、说明书、说明书附图五个部分组成，通常称为“专利五书”。

著录项目包括受理局、发明名称、分类号、申请人、申请日等属性信息，这些信息为后续的各类检索提供了数据支撑。每一条著录项目前面小括号和里面的数字称为“INID 码”，即 Internationally Agreed Numbers for the Identification of Bibliographic Data 的缩写，代码由圆圈或括号中的两位阿拉伯数字表示。

以我国现行的专利说明书扉页为例，扉页中包含大量的著录项目信息，如申请日、申请人、申请号、公开号、发明名称等。

根据 WIPO 标准 ST.9 的规定，在每一个著录项目数据之前都有一个带括号的两位数字，这些数字称为 INID 码，掌握 INID 码的含义有一定的用途，如遇到陌生语种的专利，可以快速根据 INID 码找到相应的信息。

摘要是对这篇专利所属领域、发明内容、技术效果等的简要概括，可从说明书附图中选择一张图片作为摘要附图。设置摘要的内容主要是为了后续检索使用，因为摘要浓缩了这件专利的所有重要信息点，便于检索。

权利要求书就是专利申请的保护范围描述，当然在发明专利的公开文本中这是申请人希望保护的内容，在授权文本中才是专利授权后真正的保护范围。

权利要求书用数字进行编号，分为独立权利要求和从属权利要求。独立权利要求一般保护范围较大，技术特征的限定较少；从属权利要求是在引用某个独立权利要求或从属权利要求的前提下，增加了技术特征，对其引用的权利要求作了进一步的限定而延伸的权利要求，从属权利要求保护的范围相对较小。如独立权利要求中保护的是螺母，从属权利要求可以限定螺母的直径范围，以此作为从属权利要求。从独立权利要求到各个从属权利要求，在保护范围上讲，一般是倒三角的形状，保护范围越来越小，技术方案越来越具体。

说明书部分是权利要求书内容的来源和支撑。权利要求书的内容是从说明书的内容中概括总结得到的，所以权利要求书中的内容一定要来源于说明书，所有技术方案、技术特征都要得到说明书的支持，否则权利要求书将不会被审查员认定有效。

说明书部分一般分为技术领域、背景技术、发明内容、附图说明、具体实施方式五个部分。技术领域描述本发明属于哪个领域。背景技术介绍在该领域当前的技术现状如何、最新的技术存在哪些问题，以此为介绍发明内容做铺垫。发明内容就是本专利的具体技术方案的描述，如配方的组成、工艺的设计等。附图说明是对“说明书附图”部分的解释性描述。具体实施方式也称为“实施例”，是技术方案中比较典型的方案介绍，权利要求书中技术方案的描述可能会比较抽象，在实施例中将会用具体的步骤、组分、数值等介绍技术方案，以便更好地理解该技术方案。

“图”被称为工程师的语言，说明书附图是对说明书中文字内容的补充，避免用文字难以解释清楚，引起歧义，尤其是一些结构性的内容，采用“图文并茂”的方式加以说明所传递的信息量会更大，使阅读者能简洁明了、直观地理解该发明的内容。

官方数据源中还有一类数据是通知书数据，是国家知识产权局向申请人或专利权人发出的用于通知办理某些事务的官文。

其他数据主要是与专利管理信息化系统关联的其他系统中通过接口方式传递过来的数据，如项目管理系统中的项目信息数据、产品管理系统中的产品信息数据等。此外，还有通过自动采集的竞争对手互联网中的数据等。

### （三）及时评审

评审是系统中的各项评审流程。在专利管理中，会有很多的流程评审事项，比如创意评审、申请文件撰写评审、答复意见评审、缴纳年费评审等，这些流程需要企业内部进行业务梳理、流程再造，然后再固化到信息化系统中去实施、执行。

信息化系统中流程设计包括表单设计和步骤流转设计。表单设计简单说就是评审流程中涉及哪些字段，如创意审批流程中是否记录提交人的部门、提交时间是否需要精确到分秒等，这些都是表单中需要考虑的事情。步骤流转设计包括经办人设置、经办人权限设置等，某个节点由哪个用户或哪个角色的用户来执行、执行的用户在此节点上允许操作哪些数据，这些都应该仔细考虑。

各条流程设计完就可以串起工作流水线，可以使管理工作有条不紊。

### （四）快速处理

企业专利管理中对信息的采集、处理和传递等都有很高的时效性要求。

首先，信息采集要快，如对竞争对手的专利监控要快，与官方发布专利数据同步更新比滞后更新具备时间优势。官方通知书如果可以直接通过数据接口实时获取数据则要快于从代理机构转交给企业，采用一些信息技术手段可以快速获取信息。

其次，信息传递要快。信息传递的方式有很多种，如系统内部消息、互联网邮件、短信、微信等。不同类别的信息可以选择不同的传递方式，对于时效性要求高的事项，应该优先传递并采用接收效率最高的方式，如专利年费缴纳提醒，最好选择“手机短信+邮件”的方式通知给相关人员，防止缴费时间过期导致专利权终止。

### （五）数据易读

信息的呈现方式很多，如文字、图片、图文混排、声音、视频等，为了让信息接收者更快、更准、更全面地理解信息，不同的信息内容应该采用适合的信息呈现方式。如技术交底书内容，研发人员作为技术发明者很清楚技术方案的原理和内容，但为了让专利管理工程师或专利代理师更好地理解该方案，除了图文的文档，最好再配上一段说明视频或实验、施工视频，这样传递的信息更丰富，阅读者更容易理解。此外，针对分析类的信息，一味地采用表格的方式会显得很枯燥，加上可视化的图表或动态图表，对阅读者来说就会很生动，枯燥的数字转换成了赏心悦目的图形，信息传递会更直观，理解起来更容易。

### （六）数据安全

采用信息化管理的方式，数据一般存储在硬盘等存储设备中，处理过程中的数据暂时存储在内存中，一旦发生断电或设备损坏的情况，就会有数据丢失或系统无法使用的风险。此外，对于系统被入侵、数据被盗用等也要加以防范，保证信息化系统的安全。针对数据安全问题主要是从用户权限控制、多个登录验证手段并用、访问白名单、访问黑名单、数据备份、系统容灾等方面去防范风险的发生。如果风险一旦发生，要有风险控制手段，将已经发生的风险带来的损失降到最低，如存储设备发生故障，如果数据备份采用秒级同步和良好的容灾设计，则可以实现快速恢复系统，数据几乎零丢失。

总之，在当今互联网时代，利用“互联网+”、大数据、人工智能等信息技术手段，对信息进行及时、全面、高效处理是做好专利管理工作的基本条件之一，也是做好专利管理的基本原则之一。

# 第四章　信息化时代企业的人本与文化管理

## 第一节　人本管理

随着信息社会的到来，人成为信息系统的起点和终点，识别和利用信息需要人，人拥有知识，成为最为复杂的知识载体。提高企业信息化工程实施水平，人起到最为关键的因素。企业已经把人作为人力资源而不是劳动力成本来研究。人本管理思想、理论与方法的运用，直接影响企业的文化和企业信息化水平。

人是企业各生产要素中最具弹性、最具经济增长潜力、最重要的资源。人本管理的理念自提出以后，受到理论界、企业界极大的关注，已经跨越理念阶段，融合于各项具体的管理制度和管理方式之中，成为现代管理的重要组成部分。企业信息化为人本管理的实现提供了最先进的工具，人本管理理论为企业信息化价值的体现创造了新的环境。人本管理与企业信息化的应用为企业提高核心竞争力创造了新的途径。

### 一、人本管理的形成

人本管理思想是随着社会与经济的发展而不断发展和完善的。在不同的时代对人本管理的认识不同，人在社会中的地位和作用也不相同，因而对人在社会中的假设是完全不同的，特别是对企业的职工管理理念有着根本的区别。

#### （一）前工业时代

第二次产业革命使人类进入了工业社会。在工业社会初期，企业管理侧重于生产技术和工作方法方面，从而实现了生产规范化和产品标准化。在这一阶段，企业把人作为生产设备的一个重要组成部分，强调人与机器相匹配。企业的雇员是生产力的主要组成成分。员工被动地接受任务，一切都要听从管理者的安排，对员工的激励机制是经济刺激，人们生活在艰难的边缘。典型的“面包加大棒”的管理方式在企业界被传颂，为当时的企业管理带来明显的效益。企业根本没有顾及工人的心理需求，因而难以充分发挥工人的积极性与创造性。

### （二）工业经济时代

前工业经济的发展，忽视人的作用，严重地阻碍企业的发展。进入20世纪后，企业逐步认识到在企业发展中企业员工的参与对企业发展将产生影响。出现了基于“社会人”的管理思想，梅奥的霍桑实验充分体现了工人生产效率与工人的心理作用存在直接关系。这一典型实验表明，工人不是一个孤立存在的个体，而是处于一定社会关系中的群体成员，人的工作需要被社会认可并得到尊重，这种沟通更能发挥人的潜能。在这种管理思想的指导下，企业主开始以人道主义态度对待工人，改善劳动条件，培训劳动者的劳动技能，提高其工作、生活质量，把人作为企业的资源加以利用。由此，萌发了人本管理的嫩芽。

### （三）后工业经济时代

随着工业经济的进一步发展，人们生活质量不断提高，工作环境不断改善，企业更加注重人的作用，尊重人的生理、心理需求，从人的需求出发指出人的自我实现的需要处于最高层次，为企业管理指明了目标和方向。人本管理思想在企业管理中得到充分肯定，并且投入人力、物力开展人本管理系统性研究。

### （四）信息时代

20世纪90年代后，数字化、网络化、信息化的新理念、新方法、新技术、新产品不断涌现，形成了从工业时代向信息时代、工业社会向信息社会发展的趋势。在这个动态演变过程中，信息化逐步上升成为推动世界经济和社会全面发展的关键因素，成为企业进步的标志。在信息社会中，人起到前所未有的作用。人是信息社会的主宰，产品生命周期/生产周期缩短、客户需求多样性，大批量订制、技术创新成为企业的发动机，竞争成为企业的添加剂，市场成为企业的试金石，人真正成为企业的核心，以人为本的人本管理思想和理念不再是停留在理论界研究的课题，在企业活动中被更加注重，被认为是制约企业信息化进程的重要因素。

## 二、人本管理的特征

人本管理与传统的管理理念和管理方法有着明显的差别，特别是对人的作用、感受和需求的处理方式。在传统管理中是利用人已经拥有的技能，而不是挖掘人的潜能、培养人的技能。人本管理不仅是要用好人已经拥有的技能，而且要充分发挥人的个性特长，不断发现、开发、培养、提高人的技能，使人处于愉快的环境，将人的智慧发挥到最高境界。

### （一）责任和权利的统一

人本管理不是片面追求责任和权利，而是将人的职责与权利相平衡，充分体现对人的尊重，便于实现组织的民主。

### （二）沟通交流

人本管理，以人为本，人与人之间的沟通是实现管理目标的有效途径，建立集成中央数据库是信息共享的基础，也是人本管理实现的基本工具。

### （三）理解与尊重

人个性的复杂、多变，给管理带来不可预知的困难。也是这一特点给企业带来无限生机，从而创造一个又一个奇迹。因此，人本管理强调理解、尊重和重视人。与员工融为一体是人本管理的主要特点之一。

### （四）培养提高

人本管理真正将人作为可塑资源，不仅利用，而且从企业的长期发展和个人的发展出发，加强培养、训练，通过学习和借鉴不断创新。

### （五）多元文化背景

现代企业已经不再局限在某一个地区，而是跨地区甚至跨国蓬勃发展，一个组织的员工来自四面八方，人本管理的沟通、理解等特点都是在多元文化背景下展开的，因此，人本管理的主要特点之一便是多元文化背景。

## 三、人本管理的理论

人本管理由领导命令、管理控制变为相互合作，共同为企业发展积极工作。组织为员工和相关者都能“安心、顺心、开心、尽心”创造条件，达到都能愉快工作的境界。

### （一）人本管理的内涵

人本管理，也称为以人为本，或以人为中心的管理，是以组织和员工以及相关受益者等人的需求获得最大满足的各种活动。人本管理通过协调、激励、培训和领导艺术等管理手段，充分挖掘人的潜能，调动人的积极性，创造出和谐、宽容、公平的良好氛围，从而达到组织和个人共同发展的最终目标。

在传统管理中，人也十分受重视，建立了行为科学和人因工程等理论与方法，并开展了深入研究。但是，这些理论往往把人看作机器的一部分，人始终处于被动地位。管理者与员工是对立的，管理者看重人的技能，强调人与生产设备的协调，一切管理方法均围绕如何最大限度地利用人的技能为组织目标服务展开，并不关心人自身的需求、感受和发展，没有重视人的个性差异。一旦人的技能不满足组织的需求，完全有可能被组织所“抛弃”，也就是被解雇。这种管理思想是以组织目标为中心，一切为了组织目标，一切与组织目标的实现无关、无益的都被视为多余的成本，以降低成本为由抛弃，而员工的心理、生理处于无人问津、无人关心的境地。人没有得到有组织、有选择的培养，发展反而受到很大程度的限制，有时甚至受到负面影响。

在人本管理中，人被看作完整意义上的人。人不仅是社会的人，而且更是自然的人。他有个性、有激情、有理智，他有需求、有利益、有追求。他的行为受本能的驱动，也受周围环境的影响。他的非理性使他很难将工作与生活、个人与组织彻底分开，他的理性告诉他用暂时的自身利益的牺牲来获取更多、更长久的利益。因此，人以及人的需求在受到尊重、爱护、关心的条件下，是可以被塑造、被改变的；人的潜能和积极性也是可以被挖掘、调动和发挥的。组织目标只有被人认可、接受，才有可能有人为之工作、奋斗，最终得以实现。从这一角度看，人超越组织和组织目标而成为最根本、最重要的要素，并占主导地位。

### （二）人本管理原理

人本管理的原理就是以人为本的管理思想。人本管理以了解人的需求为中心，尊重人、依靠人、发展人、为了人。

人本管理过程中强调员工的自主性、系统的反馈性和正确的激励政策。

#### 1. 自主性

完成一项工作给予员工自由安排不同的任务，并决定如何完成任务的权力。例如，必须自己计划进度并决定如何在顾客之间分配时间的销售员，比那些装配线工人有相对更高的自主性，那些工人的活动是由生产线的速度决定的。

2. 反馈

为员工提供清楚而且直接的有关他工作效果的信息。例如：一位空中交通控制员的过失极有可能导致空中撞机事故，因而他需要获得迅速及时的反馈。

3. 激励性

员工越感到他们的工作有意义，他们越对工作结果负责，工作就变得越有激励性，员工越可能获得满足感，并表现得更好。此外，具有高度激励性工作的员工被号召更多地运用他们的技能，做更多的工作任务，他们也被赋予更多的工作责任。

同时要理解员工的相互关系。协同规范企业系统的操作行为，将责任与能力相联系，使企业大力简化协调任务。同时，由于企业的文化背景和物理背景为企业定义了所做全部工作的终极优先顺序，清晰地确定了行动的边界，但是并没有告诉员工在这些边界里做些什么，只是为作出权衡和决定应该如何组织工作提供了依据，而不是指挥和控制。企业背景为员工的能力培养和提高提供了广阔的创新空间。一旦无法实现其承诺，其信用就会受到影响，一个能力差又没有信用的企业将会退出企业系统，甚至被整个社会所淘汰。由此可见，人本管理是企业系统效益性的根源。

## 第二节　企业信息化与人本管理

企业信息化工程的实施是企业从工业时代向信息时代发展的一个重要历程。信息时代是更加人性化的时代，即管理人本化、以人为中心。通过调动人力的信息潜能，最大限度地开发和利用信息资源，推进企业信息化的进程。在工业时代，企业主是通过资本积累、资本运作、获取剩余价值，得到高额利润的。因此，资金是企业运作的润滑剂，是企业主的主要财富，也是掠夺工人财富的重要工具。而在信息社会主要依靠信息、知识和创造性来获得利润。信息是社会的资源、企业的财富，无论信息的获取，还是对信息的利用必须由人来实现。人是信息社会的核心，人本管理是现代企业管理发展的方向。对人本管理理念的认识、重视和贯彻直接影响着企业信息化实施的工程质量、工程进程和信息系统运行管理的绩效。因此，在经济、信息、知识备受关注的今天，人本管理得到快速发展。

### 一、企业信息化与人本管理需求

人本管理与企业信息化有着密切的关系，在企业信息化工程实施全过程中要充分体现人本管理的思想，以人为核心，发挥信息系统中人的主动性和积极性。

### （一）人本管理是企业信息化的必然选择

制造企业的生产方式经历了从家庭式手工作业方式、大量生产方式、JIT 生产方式、精益生产方式到敏捷制造方式的发展过程。对这一演变过程的研究可以发现，人本管理将成为实现企业信息化的必然选择。

在大量生产方式下，人是“机器的一种延伸”。生产过程的分工，不仅减轻了职工的上岗操作技术难度，减少了员工劳动技能的培训费用、时间，而且极大地提高了生产效率。增加产品是企业管理的重要目标，员工并不关心产品的质量，人力资源存在着严重的特殊性、专一性，缺乏灵活性。随着工业生产的发展，社会需求的多样性、生产资源的紧缺性，高浪费、高产量的做法不能给企业带来更高的回报。技术的进步、市场竞争的加剧使日本首先提出了 JIT 的管理思想、方法和生产现场控制方式。工人不再是机器的附属品，接受生产指令、完成任务已不是唯一目标，工人是具有独立行为的控制单元，是拥有多种技能的多面手。通过适量适时的生产，弹性配置作业，灵活调动人员，以低成本、高效率最大限度地获得企业期望的利益。

### （二）人本管理是企业信息化的重要特征

企业信息化实施效益的最大动因是发挥了信息的共享性和增值性，加快了信息流的运作。通过高效、低耗、快速、精确的信息流运作，控制物流、资金流和工作流的运作，提高工作效率和企业的绩效。在传统的管理模式下，组织结构往往是层次型的“金字塔”结构，指令、指标、通知、通报、计划、反馈、交流等信息都是依此逐层传递。企业规模越大，分工越细，层次越多，信息传递环节越多，信息沟通的时间就越长，信息失真的风险就越大。这种组织结构很难适应信息技术日新月异发展和社会进步的需要。随着社会经济增长，企业员工生活水平提高，对生活质量的期望增高，对人的地位、尊严、自由更加关注。传统的组织结构无法适应信息化的需要，网络化、扁平化的组织结构逐步形成，并得到快速的发展。在扁平化的网络组织结构中，每个组织单元之间通过信息技术实现实时、正确的沟通，将人的潜能发挥到极点，充分地尊重每个人的作用是信息化成功的保障。信息化实施成功需要依靠每位员工的支持，及时输入正确、全面的各项数据。无论哪个岗位上的员工不及时输入数据，或输入了错误的数据，信息系统就不能提供正确的结论。如果没有相关的用户使用信息系统，或信息系统提供的信息不真实、不及时、不全面，信息可利用程度降低，导致无人使用，则系统必将导致失败。只有加强人本管理，才能使企业全体员工形成一个共同的价值观，从而形成有机的网络化结构。各个组织单元才能充分、有效地运营，满足企业实现信息化的需要。

### （三）人本管理促进制造企业的组织结构改革

信息技术的日新月异，信息化企业对人员技术综合性和员工能力要求的多面性要求，往往受产品市场的多变性影响，需要雇员的知识不断更新和提高。企业信息化环境下的工作和作业本质发生了极大的变化，低智能的纯体力劳动逐步被信息系统控制下的加工中心、柔性生产设备、自动生产线、机器人等取代。员工需要从事更加复杂的管理、控制、计划、分析等高层次、非结构化或半结构化的智能化决策工作。学习成为企业工作内容的一个重要组成部分，不断学习的重要性、广泛性迫使企业改进管理制度、组织结构。"学习制度化"成为企业信息化的重要特点之一。员工只有通过不断学习，获取新知识、掌握新技术才能达到企业高速发展对人才的需求。形成学习型组织、学习型企业、学习型社会，共创和谐的可持续发展的社会是人类高度文明的体现，也是经济高度发达的必然趋势。企业信息化给企业的组织结构提供了不断改进的条件，企业组织的不断改进同时也给企业信息化工程的成功实施创造了重要的基础条件。两者互为条件，相互影响，相互促进，协调发展，不断改善企业的内在管理机制，更体现出人本管理效力。

### （四）人本管理与企业信息化发展改变了企业的经营模式

人本管理使企业向着"学习型"组织发展，企业信息化使企业向着"流程型"组织发展。在人本管理与制造业信息的共同作用下，企业对经营模式产生了跳跃式创新发展。网络营销不仅是营销的一个理念、一种手段、一种方式，从而形成了虚拟组织、虚拟公司，也是企业的一种重要经营模式创新。制造网络化、数字化、网格化、柔性化、模块化、集成化和自动化等信息技术的应用形成了异地制造、世界级制造等全新的生产方式。社会的发展在信息技术配合、人本管理理念的影响下，正在向着全球资源一体化、世界经济板块化的方向高速发展。企业的经营内容、经营方式、经营组织、经营手段、经营目标和人才需求都在发生着根本性的转变。实现人才战略，以人为本的经营思想在信息化的带动下正向纵深发展。

## 二、企业信息化与人本管理组织

组织是管理者在员工内部建立的一种工作关系结构。在分工协作的基础上，组织人员各自分担明确的任务，在不同的权力配合下，扮演不同的角色。组织就是对各种不同角色的组合工作。因此，组织包括组织结构设计和确定各部门及工作人员的职责范围，确定企业的组织机构系统，确定各部门及工作人员的相互关系，在合理分工与协作的基础上，充分发挥协调配合的功效，全体员工齐心协力去实现组织目标，并组织、运用、执行组织所规定的各部门及工作人员的工作职责。根据组织原则，制定具体的方法开展正常的组织活动。人本管理可使组织中每个成员都能充分认识到自己所进行的工作对实现企业组织目标的重要作用，从而使各个成员都能按时、按质、按量完成自己的任务。在实现组织目标的同时也能满足员工的需要，可使每个成员都能了解自己在组织中的工作关系和它的隶属关系，并能正确处理各种关系，可使每个成员不仅明确完成工作任务的职责和义务，而且了解自己应有的权力，并能正确地运用。及时调整和改善组织结构，使各部门及工作人员的职责范围更明确合理，以适应企业生产的变化和发展，增加企业的利润，提高企业的竞争能力。组织结构的合理与否将影响到组织的办事效率、员工的积极性，最终影响组织目标的实现。

信息化革命的经济全球化是当今世界最令人瞩目的发展趋势。从 21 世纪的经济形态看，人本管理将改变传统工业经济低增长、高通胀、高失业、高波动和非人本经济状态，以知识作为经济增长主要推动力的新经济，实现高增长、低通胀、低失业、低波动和人本回归的经济。

### （一）人本管理组织的行为与结构

影响组织结构的主要有组织环境、战略、技术和人力资源四个因素。

#### 1. 组织环境

一般来说，外部环境变化得越快，它的不确定性就越大，管理者在获取稀缺资源时所面临的问题就越多。在此形势下，为了加快决策和沟通的速度，更易于获取资源，管理者往往需作出组织选择，给组织结构增加弹性。他们可能会把职权分散化，授权低层员工作出重要的运营决策。相反，如果外部环境是稳定的，资源是可靠的，不确定性较低，那么，人员和职能之间只需较低的协调和沟通便可获取资源，并且管理者能够作出组织上的选择，对组织结构采取更多的措施。这种形势下的管理者喜欢在明确的职权等级体系中做决策，并且喜欢运用大量的规章制度和标准运作程序来进行管理。当前的市场形势变化很快，无论在国内还是在国外，不断加强的竞争都给管理者在吸引顾客、提高效率和效益上施加了很大压力。因此，寻找各种方式来构造组织，如通过授权以及自我管理的团队，使人员和部门弹性运作的兴趣与日俱增。

2. 战略

一旦管理者决定了一种战略，他们就必须选择正确的方式来实施它。不同的战略往往要求运用不同的组织结构。例如，差异化战略的目的在于提高顾客对组织的产品和服务的道德价值认识。差异化战略通常在弹性结构中最易成功。弹性能够促进某种差异化战略实施，因为管理者能够迅速开发出新产品或者创新型产品。这种活动主要是各职能部门之间的大量合作。此外，在公司层面，当管理者决定通过诸如垂直一体化或多元化等方式来扩大组织活动范围时，他们需要设计一种弹性结构为不同的业务部门提供充分协调的便利。

3. 技术

技术是在产品和服务的设计、生产和分销中所运用的技能、知识、工具、机器、电脑和设备的结合。通常，一个组织运用的技术越复杂，管理者和工人就越难以对技术施加严格的控制或者有效的监控。于是，技术越复杂，越需要一种弹性结构来提高管理者对未曾预料到的形势作出适当反应的能力，给予他们找出解决所遭遇问题的新方法。反之，技术越常规，规范的结构就越合适，因为任务是简单的，生产产品和服务所需要的步骤可以事先拟定出来。技术的常规性和复杂性通常由任务决定，多样化任务不能由规范的结构来完成。

4. 人力资源

一般而言，组织的劳动力技术含量越高，需要团队来执行任务的人越多，组织越可能使用弹性分权的结构。具有较高技能的员工，或把较强专业价值和行为规范内化为他们所受培训的一部分员工，往往渴求自由和自治，而不喜欢被严密监督。总而言之，在设计一个组织结构时，管理者必须密切注意劳动力及工作本身。

### （二）人本管理组织的特点

人本管理组织往往受企业领导影响很大，一般具有规模小和权力分散的特点。

1. 规模小

现在世界上存在着许多大型公司。尤其是世界500强企业，员工队伍大都庞大。大型企业的大规模生产可为企业带来巨大的成本效益，但在对员工的管理上，尤其是积极性的调动和员工忠诚度的培养上，这些大公司基本上实行符合人类天性的机制，进一步划分小群组。

2. 权力分散

为了得到员工对大公司的认同，就必须缩小公司规模或营造小企业的氛围。这确实是个大难题，因为大企业必须有庞大管理机构来掌管。为此，大公司的权力必须分散。将大公司分为小型工厂和服务单位，并让他们进行自治，保留一个极精简的总部。而其管理结构在任何一个单位中都不超过五个等级。

总之，人本管理的组织结构既不是完全虚拟的，或无界限的，也不是像金字塔式似的等级繁多，或官僚主义的。它是生产、个人、企业很好的组合，消除界限或完全撤销组织实体而运用虚拟组织，是不符合人性的。

信息时代带来了许多新工种，如远距离工作，它模糊了工作和休息、家庭和办公室之间的界限。然而，信息技术在给人类带来这些好处的同时，也使人类面临巨大的危险。那就是，人类缺少面对面的交流。所以，人本管理的组织结构模糊了具体的职能部门，而仅分员工、中层和高层管理三个层面。但阶层必须存在，因为对有的员工来说，在缺乏指导的情况下面对任务可能会不知所措，而且员工的着眼点可能不如高层管理者全面。

## 三、企业信息化与人本管理建设

在企业信息化工程实施过程中人本管理是成功的保证，仅有认识是不够的，关键在于如何开展企业信息化工程实施过程的人本管理，即如何抓好人本管理的建设。企业的规章制度、组织、经营管理模式等方面都要以充分调动人的积极性、主动性、创造性为根本原则，将人本管理思想、理念贯彻落实。

### （一）加强人力资源管理

人力资源管理是人本管理的基础。企业信息化工程是信息时代发展的起步，也是向信息社会发展的起点。在信息社会中信息是最重要的资源，也是企业竞争的主体，人是信息的主宰，人才作为信息和知识的载体，通过不断教育、培训、学习增加人力资本的积累，不断丰富企业的人力资源，从而提高企业的竞争优势。因此，人力资源管理是人本管理的一个重要组成部分，通过加强人力资源管理，提高企业的人本管理基础。企业在员工招聘、员工培训、员工工作业绩考评、管理人员的管理能力和技术人员的技能测评过程中应当采用规范、标准、公开、公正、公平的原则，这些原则在人力资源管理中得到贯彻落实，这是加强人本管理的具体工作内容。

### （二）提高员工素质和发展企业文化

企业员工的素质和企业文化是人本管理的体现。企业文化是企业发展过程中逐渐形成的，为全体员工所认同和遵守的具有一定行为规范的价值观体系。在知识经济和信息化的大潮中，企业必须注意建设能反映企业信息化必然趋势和要求的新文化。这种新文化无疑会给企业的信息化建设提供良好的环境，促进企业信息化工程的成功实施。而要建立这种文化，企业需要加强经济发展形势的教育和信息化工作宣传，需要不断总结和推广信息化的成功经验，需要采取相应的物质和精神激励措施，需要不断加强员工培训，推动全员素质的提高。

### （三）改建信息化企业的组织

企业组织是影响企业发展和企业绩效最直接的原因，并且直接影响企业信息化实施的成败。信息化需要人本管理的文化氛围，更需要灵活、机动的组织，其结构更富有柔性，内部充满着认真学习、积极向上、同心协力的企业文化。为了创建适合信息化的组织，充分发挥人的主观能动性，必须改建企业的组织，使企业的员工、组织和组织关系都具有很强的柔性、应变能力，淡化组织结构中的人员、制度、机构的上下级关系、领导与被领导关系、主动与被动关系，通过组织创新、制度创新、方法创新、技术创新、经营模式创新、观念创新使每位员工、每个组织元素、每个组织结构关系和谐、协调地向前发展。企业管理、企业发展规划、战略、计划实行全员参与，发挥企业中每一个细胞的作用。企业将成为改善员工生存条件、生活质量的唯一依靠。为此，企业全体员工人人受关爱，共同努力共创企业的未来。在企业中树立“企业为大家、发展靠大家”的全员参与管理、组织的原则。

### （四）完善绩效评价与激励机制

企业信息化给企业进一步提高管理水平，实现人本管理创造了良好的内部环境。人本管理通过对员工的情感、人际关系、民主管理、个体价值展现、文化修养、人才管理等方面来实现。绩效评价与激励机制的完善是人本管理的关键。在工业化企业中，注重以员工职位高低和产生的直接经济效益作为绩效评价的唯一标准与激励的评价依据，以得到的经济报酬作为员工评价和激励的唯一手段。在信息化企业中，等级关系逐渐淡化，快速激烈的竞争将迫使企业越来越趋于民主化。在团队工作方式中人的自我价值不在于权力，而在于创新。员工的经济收入已经不再成为影响生存与生活质量的关键，经济收入不再是绩效评价的唯一标准和激励手段，人更需要情感上的尊重、关注和理解。人的价值观发生了重大的转变，人员的报酬不再侧重于职位高低，而是根据能力和贡献来评价，激励的目的是使人力资源各尽其职，发挥员工的特长与潜能。人人都有能按自己所期望的目标不断实现自我价值，取得期望的经济的、社会的和自我的需求满足。

### （五）创建和谐发展的企业环境

人本管理的本质是创造和谐协调的生活、工作环境，通过对员工的情感培养、民主化管理达到及时沟通，达到员工与企业同呼吸、共命运，强化企业的凝聚力和向心力，企业成为员工展现技能、实现自我的平台的目的。企业应该向员工灌输信息化思想，引导其自觉运用信息、知识和技术，用信息化的功能去推动企业人本管理的建设，促进企业活动力的提高。

## 第三节　企业文化管理

从乡村到城市，从平房到摩天大楼，从电话、电脑、手机到互联网，从飞驰的高铁到冲向太空的火箭，在这些创造物的企业中，高技术形成的企业文化起到了关键作用。人们置身在信息化的各种网络，信息化伴随着人们一生的旅程，影响技术、经济和社会的发展。当下的全球一体化时代，对企业的管理和发展提出了新的挑战。在信息时代背景下，越来越多的信息资源凝结成企业较为固定和具体的文化。

## 一、企业文化的内涵

在企业管理信息化工程中企业文化备受关注，不同的管理学家和企业家对企业文化有着不同的见解和描述。不同学者对企业文化内涵的诠释不同，可以归纳成以下几种观点：

观点 1：企业文化应以人为中心。企业要长期发展不能仅仅依靠一个卓越的领导者，在制度建设上，应加强顶层设计，根据实际工作需要，建立完备的制度体系，把企业文化建设作为关键因素，确保各职能部门、各基层单位通过规章制度明确工作目标、工作职责和工作流程，构建和谐的企业文化。在具体实践过程中，要以文化引导为根本手段，建立适应企业特征的企业文化。对于涉及员工切身利益的问题，强调用制度保障员工利益，实现企业文化的持久发展。

观点 2：企业文化是企业创新的动力和源泉。从企业核心竞争力的本质出发，强调构建高效化、精细化、人性化的管理服务体系。通过分析企业文化本质，把企业的共同价值观作为企业文化的精神层面。通过分析和研究大量学者的相关研究成果，结合国内外企业文化经营的成功案例，提出企业文化再造的观点和思路。

观点3：决定企业核心竞争力的主要因素是企业文化，而不是主要企业外部的力量和条件。企业要不断培育集体学习能力、培养团队精神、培养创新能力，才能提高企业的核心竞争力，在协同精神和创新学习的观念下，共同建设学习型的组织文化，实现“文化力促管理”。建设企业文化，领导者的作用至关重要，通过发挥领导者的表率带动作用，强化员工培训机制，能够有效地带动企业员工在经营管理中发挥作用，共同塑造企业文化，从而使得企业文化建设落到实处。

观点4：将企业文化看成一种人格、一种物化的力量。从中可以看到传统的等级组织制度以及工作职能、协作网络等，从企业内部链接中获得新的思考，从内部同事之间的竞争关系转移到合作关系，一种来源于心灵的认同和使命感，从而形成一种完全的激励机制，这在很大程度上将对物质激励形成补充，不但能够减少企业内部运行成本，而且能够最大限度地避免企业人才流失。

综合国内外学者的观点，企业文化看似无形，但是发挥着巨大的作用，引领着企业员工的行为和企业的发展；统一的企业价值观，让员工产生使命感、责任感和归属感，清晰地认知并了解企业的前进方向，与企业同呼吸、共命运。企业文化是在企业成立和发展过程中形成的企业文化积淀，受社会环境和传统文化的影响，逐步形成并被员工接受的具有本企业特色的解决问题的方法、关系协调的途径、道德评判的标准等传统和习惯。

## 二、企业文化测评

分析企业文化最基础的工作是开展调查，调查前首先要设计调查问卷，也称为量表设计。然后，对调查结果进行分析处理。调查问卷设计是企业文化分析的基础性工作，采用不同的设计方法，其数据处理和分析方法也不相同。企业文化调查可以采用组织文化评估工具、组织文化剖面量表和组织文化问卷量表等方法。

### （一）OCAI量表设计

OCAI是金·S·卡梅隆和罗伯特·E·奎因在《组织文化诊断与变革》一书中描述的一套用来分析企业文化和管理能力的工具，也称为“卡梅隆组织文化模型”。该模型根据企业的主导特征、领导风格、员工管理、企业凝聚、战略重点和成功准则这六方面的判据来评价企业文化。OCAI评价量表中的每个测量条目用来评价企业文化。每个判据下有四种陈述句，分别对应着等级森严式、市场为先式、部落式和临时体制式四种类型的企业文化。在构建OCAI量表时，首先根据企业的现状，按照每种判据下四种情况的符合程度，将100分分配给这四种情况（四种情况累计为100分，超过或低于100分的量表视作无效）。依此类推，逐个回答所有描述测量条目的现状；然后回到问卷的开始，思索和判别如果企业在今后5~10年内要达到成功，企业文化“应该”怎么样，由此引出企业文化建设的期望值。期望值的填写方法与现状调查分析方法相同。

### （二）OCP量表设计

OCP是从匹配的角度研究人与组织的匹配，从个体结果变量间的关系视角去设计企业文化概评形成的量表。OCP量表从团队导向、注重细节、进取心、结果导向、尊重员工、稳定性、创新这七个维度进行测量。

OCP量表是测量企业员工价值观的工具，一般采用标准的或自模的两种方法。在标准的方法中，被访者根据对题项认同的程度，用Likert量表法进行测量，给出评价结果。要求独立测量每个被访者的价值观。

Likert量表法是由美国社会心理学家伦斯·李克特（Lawrence Likert）于1932年在原有的总加量表基础上改进而成的测量对象描述的方法。这种方法是将定性测量值转换成定量描述的方法，对量表中的每个指标，有“非常同意”“同意”“不一定”“不同意”“非常不同意”五种回答选项，并分别记为5、4、3、2、1分，每个被访的态度总分就是他对各道题的回答所得分数的累加，这一总分可说明他的态度强弱或他在这一量表上的不同状态。

在自模的方法中，测量对各种价值观的偏好，要求回答者要么把一组价值观分等级排列，要么选择一个价值观。OCP量表采用Q分类方法，即是一种自模的强迫分配的形式。被访者分两次对陈述项分等级，一次是描述感知到的企业文化，另一次是描述期望的组织文化。所有项目要求被分成从最符合到最不符合，每类中包括的条目数按2-4-6-9-12-9-6-4-2分布，实际上是一种自比式的分类方法。

### （三）OCQ企业文化量表设计

OCQ企业文化量表是由美国学者Denison等构建的关注组织有效性的企业文化问卷研究。该量表是描述企业文化特质的模型，该模型认为企业文化具有适应性、使命、一致性和投入四种文化特质，其中每种文化特质对应着A、B、C三个子维度，在此基础上设计出 OCQ 量表，然后再设计具体的测量项目。

## 三、对立价值构架理论

对立价值构架是一种有效的企业文化分析架构，其目的在于发掘这些共性对人的思维方式、价值观以及与信息交换的作用机制。

### （一）对立价值构架的建立

企业文化由相互联系、相互影响的若干因素构成。企业文化分析架构有助于了解符合企业特点的文化形成，并体现出企业的不同因素在企业发展中起到的不同作用。因此，将量表评价指标划分为四组，从中选出最重要的两组指标进行整合，并将整合后的指标分配到四个象限。

“灵活性和适应性”代表企业具有的环境适应能力，与之对应的“稳定和控制”代表企业具有稳固的结构与运行机制。“关注外部竞争和差异性”代表企业关注竞争关系，力求保持差异化，与之对应的“注重内部管理和整合”代表企业重视内部结构的设计，追求良好的企业运行带来的效率。这四个组别成为评价企业效率的判断指标，也描述了不同企业的关键组织特征。通过这四个组，还可以划分成四个象限，即对立价值构架的象限。这用于区分不同企业在战略管理、质量管理和员工管理等方面的特点。

### （二）对立价值构架象限

在对立价值构架图上有等级森严式文化、市场为先式文化、部落式文化以及临时体制式文化，分别一一对应对立价值构架的四个象限。

1. 部落式文化，对应 A 选项。部落式文化是独特的企业文化，在部落式文化的企业当中，一致的价值观与共享的组织目标受到推崇，员工在团队合作精神的引导下，将自己的职业生涯发展与个人价值实现融入团队整体当中。对企业的忠诚与奉献成为维系企业与员工的重要纽带，企业与员工形成了紧密的命运共同体，而员工也乐于接受家长式、导师式的领导模式。

2. 临时体制式文化，对应 B 选项。临时体制式组织围绕技术创新与客户体验展开活动，将研发新产品与新服务作为主要目标，并会采取多样化的措施来激发员工的创造力与想象力。为了适应时刻变化的市场环境与消费者需求，临时体制式组织富有弹性，能够快速调整组织结构以应对市场竞争与挑战。处于创业阶段或成长阶段的高科技企业往往属于临时体制式组织，扁平化的领导方式能够最大限度地提高组织的绩效与活力。临时体制式文化的企业通常是互联网、社交传媒、通信技术等行业的高技术企业。

3. 等级森严式文化，对应 C 选项。等级森严式文化是官僚制和等级制相匹配的企业文化，实行官僚制与等级制的组织能够保持组织处于稳定的运行状态，并能有效率地进行产出。官僚制的关键要素概括为职业化、专业化、等级制、知识技能、分离所有权、无私与职责。官僚制以及由此产生的等级制曾被认为是最合理的组织形式，有着严格官僚制与等级制的组织通常包括清晰的组织框架、标准化的工作程序以及明确的责权规定。

4. 市场为先式文化，对应 D 选项。市场为先式文化关注企业的交易成本，在这种文化的影响下，组织将外部环境作为优先考虑的对象，把参与市场竞争并获得利润作为活动重心，力求提升员工绩效、企业生产能力与服务水平以及企业核心竞争力，以此实现市场占有率的不断提高。

### （三）对立价值构架模型的应用

对立价值构架反映了组织的运作方式、管理模式以及组织特征。对立价值构架模型的四个象限对应了不同企业文化的领导方式、效率条件以及企业管理理论。

### （四）对立价值构架的企业文化轮廓图

对立价值构架的企业文化轮廓图是依据企业文化调查量表预处理后的结果和对立价值构架理论制作而成的。

首先，依据量表，被访者对每道题目的 A、B、C、D 四个选项打分，这四个选项的分数之和为 100 分。其中，在企业文化现状题目中，选项描述与组织实际情况越接近，则该选项的分数越高。在企业文化期望状态题目中，被访者对选项描述的认同度越高，则该选项的分数越高。

其次，将回收的调查问卷进行数据预处理。数据预处理的主要工作是检查调查问卷数据中是否存在非抽样误差，以及剔除基本信息不全的问卷和出现如选项分数之和大于 100 分的逻辑错误的问卷或少于 100 分的问卷。再分别计算题目中 A、B、C、D 各个选项的“现状”和“期望”得分的平均数（即总分除以问题数）。

最后，根据企业文化现状与期望状态的调查得到的 A、B、C、D 四个选项的平均分，在企业文化轮廓图中依次将 A 选项的分数绘制在左上方的对角线处，B 选项的分数绘制在右上方的对角线处代表临时体制式文化，C 选项的分数绘制在右下方的对角线处代表市场为先式文化，D 选项的分数绘制在左下方的对角线处；并将四个象限中的现状分数用实线连接起来，得到企业文化现状轮廓图，用虚线将期望分数连接起来得到企业文化期望轮廓图（图6-1）。

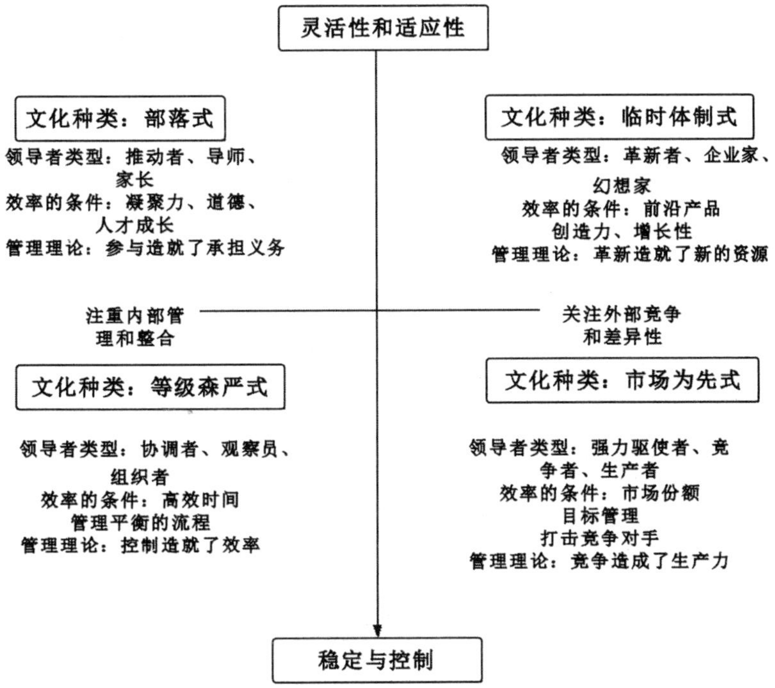


图6-1　对立价值构架模型

# 第四节　企业信息化与企业文化

## 一、企业信息化与企业文化的相互作用

企业信息化是对传统管理模式的改革，这种改革涉及企业的方方面面，渗透到企业的各个阶层，从企业高层领导到基层员工。这种变革也是企业文化的重建过程，企业文化对企业信息化工程成败的影响是持久和潜移默化的。重视企业文化建设，适应企业信息化工程的管理方式和管理思想是企业信息化工程持续发挥效应的主要途径。企业信息化工程的成功很大程度上应归结为企业文化的力量，企业文化是企业核心竞争力和软实力的核心，是影响企业经营强大的力量。

### （一）企业信息化对企业文化的作用

企业信息化不仅是一套软件，更是一种吸收了各种先进管理思想的管理模式。它吸收了追求资源有效集成及优化配置、供应链管理、精益生产、企业流程再造等管理思想，因而也倡导了其中包含的经营哲理和价值观体系。虽然不能说企业信息化工程本身是企业文化，但是企业信息化工程吸收了现代的管理思想，体现了科学的经营哲学和先进的价值观，因此，企业信息化工程蕴含着一种文化。如果企业实施企业信息化工程时不具备那样的文化因素，甚至与那样的因素对立，则毫无疑问地会产生类似于“文化冲突”的局面。因为企业文化是在企业发展过程中逐渐形成的，具有相对稳定性和继承性，一旦形成，短时间内很难改变。这样的企业文化或者其中的一些因素便会对企业信息化工程实施产生约束，形成强大的实施阻力，导致企业信息化工程实施遭遇困难，无法顺利进行，乃至有可能导致企业信息化工程实施的失败，究其原因主要有如下几方面：

1. 存在着特殊主义文化

对于凡事讲究按照原先设定的流程以及规定的时间、动作进行运转的企业开展信息化工程来说，规则是其保证。如果企业存在浓厚的特殊主义文化，人际关系被视为比规则更为重要，这就影响了企业信息化工程应有的作用。

2. 习惯于集体承担责任

企业信息化工程能够规定每个节点需要成员做什么、什么时候做以及怎样做，并且实时记录工作状态和结果。因此一旦有问题，很快能追溯个人责任，但是企业如果习惯于集体承担责任，就会出现没有人对问题具体负责的情况，容易造成“大锅饭”的局面。

3. 推崇含蓄的交流风格

如果企业文化推崇含蓄不外露的风格，那么企业成员在项目组内的交流，或者组内外的交流，可能会因为“面子”等原因，让交流沟通变得“吞吞吐吐”、曲折晦涩。这与企业信息化工程文化的特点、项目管理中的交流要求都格格不入，出现问题不能及时解决，最终的结果很可能是项目无法按时完成，成本激增。

4. 具有扩散型文化

如果企业内部成员们不仅存在着上下级的关系，而且不同场合形成的社交范围在企业内部发挥着不可忽视的作用，那么围绕流程运行，以业绩为导向的企业信息化工程文化就容易受到这种人际因素的影响。

5. 缺乏成就感文化氛围

企业如果缺乏成就感文化氛围，没有注重激励因素，甚至忽视激励中的保健因素，那么极有可能让项目组成员的不满情绪比一般员工的不满情绪更为强烈，这对于分步进行的企业信息化工程项目实施非常不利，因为再没有人愿意进驻项目组。

### 6. 存在同序型文化

企业信息化工程的实施环境需要次序型文化，也就是注重时间观念和计划。如果企业内部的时间管控是松弛的，这种缺失次序型的文化，会因为时间错乱导致企业信息化工程运行出错。

### 7. 没有“以客户为中心”的外控型文化及着重控制的“内控型文化”

如果企业受到长期计划经济的影响，习惯了“以生产为中心”，则不能理解企业信息化工程以市场为导向的运作模式，企业信息化工程就无法充分发挥效能。

## （二）企业文化对企业信息化工程的作用

企业文化不仅仅受到企业创始人的影响，还要受到社会文化尤其是传统文化的影响。当企业创立时，传统文化对企业核心价值观的形成产生了影响，又由于创始人的追求不同而形成了各色各样的企业文化。在传统文化的影响下，中国企业的企业文化形成了具有中华民族特色的独特个性。

1. 不同国家和地区的传统文化和历史背景不同。由于企业信息化工程诞生在国外，企业信息化工程软件大部分是由欧洲和美国发展起来的，因此自它一出现，就会有西方企业文化的烙印，它所蕴含的企业文化明显地带有西方色彩。即使是国内自主开发的企业信息化工程软件，很多时候也借鉴了西方优秀的管理方式，所以同样或多或少地隐含了西方企业文化的特征。企业信息化工程所蕴含的西方文化因素与中国企业里深受东方传统文化影响而形成的企业文化在很多方面存在着明显的差异，因此，企业信息化工程在中国企业应用时与中国企业文化不适应，具有中国色彩的企业文化的很多因素不能适应企业信息化工程的要求，这些文化因素会阻碍企业信息化工程的实施，结果往往是导致了应用的不理想，甚至是失败。

2. 投资巨大、耗时颇多的各企业信息化工程软件实际上可以看作一个没有企业实体的逻辑企业。

3. 企业文化有自己的组织结构、科学的运作流程、自己的流程管理控制等功能，一旦数据送上来就可以运转的、完整的虚体企业。它的企业组织结构和流程可能同其实体企业结构和流程很不相同，但它是按功能和流程组建的，是依据管理科学理论建立的一个虚体企业，携带着自身的文化烙印。

4. 企业文化在实施过程中对企业造成多方面的冲击。由于企业文化特有的惯性，以及与企业信息化工程所要求的实施文化氛围的不相符，会对企业信息化工程实施形成反作用力，造成负面影响。对企业信息化工程来说，企业文化是企业信息化工程所面对的一个外在因素。当一个企业的企业文化与其一致时，企业信息化工程在这个企业中的实施就具有了天然的基础条件，这必将顺利地推动企业信息化工程的实施。反之，就会阻碍其运行。如果企业现在的文化与企业信息化工程蕴含的文化越吻合，那么企业信息化工程的本土化会越容易，这为企业信息化工程的成功实施奠定了坚固的基础。然而，对企业文化来说，企业信息化工程则是企业文化所面对的外来因素，这个外来因素所包含的文化渗入企业文化中。在企业信息化工程的运行过程中，企业的业务流程必须进行一定的重组与改造，而企业的管理理念、行为方式也会随之出现潜移默化的改变。

## 二、企业信息化与企业文化建设

无论企业信息化工程的实施，还是企业信息化工程的应用，都将受到企业文化的影响，企业信息化工程的成功实施和应用都需要企业文化的支持。同时，企业信息化工程的实施与应用也会促进企业文化的建设。企业通过导入企业信息化工程，引进新的管理理念，规范企业管理，优化业务流程，必将要求员工改变价值观念、思维方式和行为习惯。企业信息化工程虽然本身不是一种企业文化，但其蕴含的现代管理思想却处处渗透着一种文化。只有当一个企业的企业文化与企业信息化工程所蕴含的文化一致时，企业信息化工程在这个企业中的实施才具备了天然的基础条件；反之，就会阻碍其运行。

### （一）企业文化与企业信息化工程思想的融合

在实施企业信息化工程时，要对企业文化进行变革，使之尽量与企业信息化工程的要求相适应。例如，企业信息化工程强调的是一种系统化的经营思想，用系统的观点对待企业的全部生产经营活动，把企业看作整个社会大系统中的一个开放的子系统，强调对这个子系统的资源集成和系统的总体优化。西方国家的企业文化强调“理性”管理，注重规章制度、管理组织结构、契约等的作用，并在管理上重视细节。企业信息化工程下的企业文化以人为中心，注重发挥员工的积极性、主动性和创造性，强调协作和团队精神。而我国有些企业往往缺乏系统化的管理思想，我国企业文化更强调“人性”的管理，如强调“人际关系”、主体潜能的发挥等作用。在用人上往往重“德”轻“器”甚至更重视人际关系，而忽略了对员工自身素质和能力的考核。这些因素都是企业在实施企业信息化工程时要进行变革的地方，使其逐步与企业信息化工程思想相融合。

### （二）企业文化、技术革新和管理变革协同

企业信息化工程是一个企业文化、技术更新与管理变革的协同过程。管理变革实质上变革的是人的思想，对企业而言就是企业文化的变革。企业信息化工程是人、组织、管理、信息与信息技术的综合体，企业信息化工程既包含着信息技术又包含着管理思想与方法。它们共同作用于企业组织系统，并促成企业组织的重大变化。企业信息化工程的实施在一定程度上受到企业原有文化的影响，这种影响可能是阻碍性的也可能是促进性的，同样企业信息化工程的实施也会带来企业文化的变革。因此，企业信息化工程的实施是一个技术更新与企业文化建设的协同过程，其目的是不断完善与发展适应外部环境的科学的管理模式。试图实施企业信息化工程的企业必须同时进行企业文化的建设，企业信息化工程的实施也是塑造优秀的企业文化的巨大的机遇和挑战。

### （三）企业信息化工程推进企业文化建设

企业信息化工程真实地描述了企业经营的过去与现在，企业管理不再跟着感觉走，而是以事实为依据、以科学理论为指导，责权利明确，减少了无谓的争议和扯皮，不仅提高了工作效率，而且潜移默化地影响企业文化建设，规范工作方式，促使文化朝着良好的方向转变，形成目标明确的着力点，采取积极措施，使企业文化按照适合企业信息化工程需要的文化改变，更加有利于企业信息化工程的实施和运行，企业信息化工程更能发挥企业团队合力作用。否则，保持旧有的不适应企业信息化工程的文化不变，则必将阻碍企业信息化工程的实施和运行。总之，实施企业信息化工程的企业一定要努力促进自己的企业文化朝着积极的、适合企业信息化工程的方向发展。

# 第五章　大数据信息时代企业的内部控制

## 第一节　企业内部控制的要素分析

### 一、内部环境构成要素分析

内部环境是影响、制约企业内部控制建立与执行的各种内部因素的总称，是实施内部控制的基础。按照《企业内部控制基本规范》的要求，内部环境的构成要素主要包括治理结构、机构设置与权责分配、内部审计、人力资源政策、企业文化等方面。

#### （一）治理结构

1. 公司治理是现代公司制的核心

现代企业制度下的公司制企业的主要特点之一就是所有权与经营权相分离，企业以独立的法人资格自主经营、自负盈亏、自我发展、自我完善。建立规范的公司法人治理结构，既是我国企业的改革方向，也是建立现代企业制度的核心和关键。健全的治理结构、科学的内部机构设置和权责分配是建立并实施内部控制的基本前提，是影响和制约内部环境的首要因素。

由于公司制使所有权与经营权相分离，在这种分离的基础上，经营者有可能利用私人信息的优势谋取个人利益；由于所有者和经营者之间的信息不对称，导致各相关利益主体的地位及其所拥有的信息量不同，最终决定了契约各方的不对等。公司治理结构涉及各相关利益方之间的关系。公司治理结构在本质上是一种关系合约，包括签约、履约、计量和评价、再签约等一系列过程。建立规范的法人治理结构，通过科学界定决策、管理、执行、监督各层面的地位、职责与任务，可以形成有效的分工和制衡机制。

狭义的公司治理通常是指公司股东直接或间接（通过董事会）对公司管理层进行监督和评价其表现行为；广义的公司治理则包括公司的整个内部控制系统，它通过自上而下地分配和行使责权，监督、评价和激励董事会、管理层以及员工实现公司目标，以保障包括股东在内的利益关系网的权益。公司治理的实质是确保经营者的行为符合利益相关者的权益。

### 2. 内部公司治理

公司治理分为外部公司治理与内部公司治理。外部公司治理通过资本市场、经理人市场和商品流通市场等发挥作用，内部公司治理通过股东大会、董事会、监事会等发挥作用。

内部公司治理又分为治理结构和治理机制两个方面，两者互相配合，共同决定着一个公司治理效率的高低。治理结构又称法人治理结构，一般是由股权结构、董事会、监事会、经营班子（或称高层管理人员）等组成的一种组织结构，它们之间构成一种制衡关系。治理机制包括用人机制、监督机制和激励机制等。

按照建立现代企业制度的要求，一些企业已经积累了不少内控管理经验，基本业务的内控管理都有章可循，建立了一定的内控管理基础。但也有一些企业内控制度的基础仍比较薄弱，其中相当一部分企业对建立内控制度重视不够，有的并未建立健全内控制度，甚至有些企业对内控制度还存在很多误解，认为内部控制就是内部成本控制、内部资产安全控制等，或者以为内部控制就是手册、文件和制度的堆积等。更严重的是，不少企业有章不循，使内控制度流于形式；在经济业务处理过程中，遇到具体问题以强调灵活性为由而不按规定程序办理，使内控制度失去了应有的刚性和严肃性；有时甚至为了谋取个人或小团体的利益而不择手段，弄虚作假、篡改账目或搞账外账。最为严重的是，在一些大中型企业单位中，虽然表面上都有一套健全的内部控制制度，然而在实际操作中，领导们却常常带有浓厚的计划经济下的经营作风，很多决策往往由领导一个人说了算，或由领导直接委托下属进行处理，忽视、漠视内部规范流程。在有些单位领导眼里，内控制度是对下属职员的行为控制，而对领导没有任何约束力。这些领导的行为不仅破坏了内控制度效力的完整性，而且给下属员工一个很不好的示范效应，使得整个企业没有形成一种遵守制度的良好氛围。

## （二）机构设置与权责分配

机构设置与权责分配充分体现在组织架构之中。组织架构就是指企业按照国家有关法律、法规、股东（大）会决议和企业章程，明确董事会、监事会、经理层和企业内部各层级机构设置、人员编制、职责权限、工作程序性相关要求的制度安排。依法完善组织架构，有利于促进企业实现发展战略和经营目标，防范企业组织架构设计与运行风险，优化企业治理结构、管理体制和经营机制，建立起现代企业制度。

为此，企业至少应当关注组织架构设计与运行中的下列风险：

一是治理结构形同虚设，可能导致企业缺乏科学决策和运行机制，难以实现发展战略和经营目标。

二是组织构架设计不适当、结构层次不科学、权责分配不合理，可能导致机构重叠、职能缺位、推诿扯皮，运行效率低下。

企业设计组织架构，应当坚持权责对等、精简高效、运转协调的原则，综合考虑企业性质、发展战略、文化理念、行业特点、经营业务、管理定位、效益情况和员工总量等因素予以确定，并有利于促进决策科学化和运行规范化。

企业应当根据国家有关法律、法规，结合企业自身股权关系和股权结构，明确董事会、监事会和经理层的职责权限、任职条件、议事规则和工作程序，确保决策、执行和监督相互分离、有机协调，确保董事会、监事会和经理层能够按照法律、法规和企业章程的规定行使职权。

企业应当按照科学、精简、高效的原则，合理地设置企业内部经理层以下职能部门，明确各部门的职责权限和相互之间的责权利关系，形成各司其职、各负其责、相互协调、相互制约的工作机制。应当避免设置业务重复或职能重叠的机构，将企业管理层次保持在合理水平上。

经理层负责组织实施股东（大）会、董事会决议事项，主持企业的生产经营管理工作。经理可以列席董事会会议。经理层负责组织领导企业内部控制的日常运行。

企业的“一把手”通常是指公司的总经理或董事总经理，鉴于经理层（尤其是总经理）的地位特殊、实际操作的权力巨大，在企业内部的控制管理中，总经理可能既是舞弊风险的最大来源，同时也是控制舞弊风险的关键。如果能够有效预防总经理滥用权力，就可以防范大部分潜在的舞弊风险。为此，内控管理就必须建立在有效均衡的权力约束机制上，也就是在企业管理体系中应当特别针对总经理等高级管理人员制定一套完整的内部控制系统。

## 二、控制活动构成要素分析

控制是一个过程，控制活动更是一个系统。其构成要素，包括控制方法、控制措施、风险预警机制和突发事件应急处理机制等。

## （一）控制方法

由于控制活动是企业根据风险评估结果采用相应的控制措施，将风险控制在可承受的程度之内，所以，企业应当结合风险评估结果，通过手工控制与自动控制、预防性控制与发现性控制相结合的方法，运用相应的控制措施，将风险控制在可承受的程度之内。

企业可以实施的控制方法很多，且与控制意图密切相关。例如，预防性控制、侦查性控制、纠正性控制、指导性控制和补偿性控制等控制方法，由于控制的意图与相应的功能不同，其所发挥的作用是有区别的。

### 1. 预防性控制

它是指为防范风险、错弊和非法行为的发生，或尽量减少其发生机会所进行的一种控制。它主要解决“如何能够在一开始防范风险和错弊的发生”的问题。预防性控制是由不同的人员或职能部门在履行各自职责的过程中实施的。预防性控制措施包括职责分离、授权批准等。虽然预防性控制能够在事前防止损失的发生，降低风险，但全面采取预防性控制可能是相当困难的，实践中很难做到百分之百的预防。因此，光有预防性控制是不够的，还必须有侦查性控制等。

### 2. 侦查性控制

它是指为及时识别已存在的财务危机和已发生的错弊和非法行为或增强识别风险和发现错弊机会的能力所进行的各项控制。在缺乏完善可行的预防性控制措施的情况下，侦查性控制是一种很有效的监督工具，它主要是解决“如果风险和错误仍然发生，如何识别”的问题。例如，通过账账核对、实物盘点，以发现记账错误和货物短缺；通过有关财务指标的分析，识别存在的财务风险等。

### 3. 纠正性控制

它是对那些由侦查性控制查出来的问题所进行的控制。它通过实际执行的结果与设计标准的比较，对发现的差异予以适当的纠正。

### 4. 指导性控制

它是为了实现有利结果采取的控制。前面的预防性控制、侦查性控制和纠正性控制是为了预防、检查和纠正不利结果，而指导性控制却是为了实现有利结果。这种控制在实现有利结果的同时，也避免了不利结果的发生。

### 5. 补偿性控制

它是针对某些环节的不足或缺陷而采取的控制措施。之所以需要这种控制，主要是为了把风险水平限制在一定范围内。对于某个特定系统而言，分析风险水平时，必须充分考虑由于存在薄弱环节将来可能会发生的问题。一项补偿性控制可以包含多个控制措施，也就是说，可把多重控制手段作为一项控制程序来看待。

实施预防性控制实质上就是一种事前控制，由于在行为发生之前就实施相应的控制，可以有效地防止财务资源在质和量上发生偏差等。指导性控制也具有某种程度上的事前控制作用。

实施侦查性控制、纠正性控制和补偿性控制实质上是事中控制和事后控制，其偏重于发现性控制，由于是在财务收支活动发生过程中或结束后进行控制，对发现问题、解决问题、明确责任、落实考核及相应的奖罚都可能是有益的。

### （二）控制措施

控制措施，是根据风险评估结果，结合风险应对策略所采取的确保企业内部控制目标得以实现的方法和手段，是实施内部控制的具体方式。控制措施应结合企业具体业务和事项的特点与要求制定。按照《企业内部控制基本规范》的要求，控制措施一般包括不相容职务分离控制、授权审批控制、会计系统控制、财产保护控制、预算控制、运营分析控制和绩效考评控制等。

企业应当根据内部控制目标，结合风险应对策略，综合运用控制措施，对各种业务和事项实施有效控制，确保将剩余风险（指企业采取控制措施之后仍可能发生的风险）控制在可接受水平之内，以合理保证企业不出现内部控制的重大缺陷和企业内部控制目标的实现。例如，对实现财务报告真实可靠和资产安全完整控制目标有重要影响的具体业务与事项通常包括但不限于以下各项：货币资金、采购与付款、存货、对外投资、工程项目、固定资产、销售与收款、筹资、成本费用、担保、财务报告编制、信息披露、预算、合同协议、关联交易、企业合并、资产重组、衍生金融工具运用、母公司对子公司的控制、人力资源政策、计算机信息系统等。上述业务与事项随着企业经营管理和外部环境的变化而不断发展变化，企业应当结合实际，运用各种控制方法，采取相应的控制措施，将风险控制在可承受的范围之内。

## 三、信息与沟通构成要素分析

市场经济的典型特征之一是经济。信息社会中的企业加强控制的重要环节之一就是监控信息，在竞争中掌握信息的主动权。为了有效地防范风险，企业的信息沟通一定要及时、有用、有效。按照《企业内部控制基本规范》的要求，信息与沟通的构成要素一般包括建立信息与沟通制度、提高信息的有用性、及时沟通与反馈信息、开发利用信息技术、建立反舞弊机制等几个方面。

### （一）建立信息与沟通制度

信息与沟通是指及时、准确、完整地收集与企业经营管理相关的各种信息，并使这些信息以适当的方式在企业有关层级之间进行及时传递、有效沟通和正确应用的过程。

企业应当建立有效的信息收集系统和信息沟通渠道，确保影响内部环境、进行风险评估、运用控制措施、实施监督检查的各方面信息有效传递，促进企业董事会、管理层和员工正确履行相应的职责。

企业应重视建立与健全会计信息系统。一个有效的会计信息系统应当做到以下方面：确认和记录所有有效交易；及时、详细地描述交易，以便在报告中对之进行正确分类；能以某种方式计量交易的价值，以便在报告中以适当的货币价值记录交易；确定交易发生的时间，以便将交易记录在恰当的期间；在财务报告中适当地表达交易事项和披露相关事项。

### （二）提高信息的有用性

信息系统是指利用计算机技术对业务和信息进行集成处理的程序、数据和文档等的总称。企业应当对收集的各种内部信息和外部信息进行合理筛选、核对、整合，提高信息的有用性。

企业内部信息主要包括财务会计信息、生产经营信息、资本运作信息、人员变动信息、技术创新信息、综合管理信息等。企业可以通过财务会计资料、经营管理资料、调研报告、专项信息部、刊物、办公网络等渠道，获取内部信息。

企业外部信息主要包括政策法规信息、经济形势信息、监管要求信息、市场竞争信息、行业动态信息、客户信用信息、社会文化信息、科技进步信息等。企业可以通过行业协会组织、社会中介机构、业务往来单位、市场调查、来信来访、网络媒体以及有关监管部门等渠道，获取外部信息。

### （三）及时沟通与反馈信息

企业应当畅通企业内部各管理级次、责任单位、业务环节之间控制相关信息，以及企业与外部投资者、债权人、客户、供应商、中介机构和监管部门等有关方面之间信息的沟通和反馈渠道。信息沟通过程中发现的问题，应当及时报告并加以解决，重要信息应当及时传递给董事会、监事会和经理层。

企业收集的信息应当真实、准确、完整、及时、相关。企业应当准确识别、全面收集来源于企业外部及内部、与企业经营管理相关的财务及非财务信息，为内部控制的有效运行提供信息支持。

## 第二节　企业内部控制的措施运用

### 一、内部控制缺陷认定标准

#### （一）不相容职务分离控制的基本要求

不相容职务是指那些如果由一个人担任既可能发生错误和舞弊行为，又可能掩盖其错误和舞弊行为的职务。不相容职务通常是指授权批准、业务经办、会计记录、财产保管、稽核检查等职务，其主要内容包括授权批准与业务经办、业务经办与会计记录、会计记录与财产保管、业务经办与稽核检查、授权批准与监督检查等。企业应当根据各项经济业务与事项的流程和特点，系统、完整地分析、梳理、执行该经济业务与事项涉及的不相容职务，并结合岗位职责分工采取分离措施。有条件的企业，可以借助计算机信息技术系统，通过权限设定等方式自动实现不相容职务的相互分离。

不相容职务分离控制要求企业全面系统地分析、梳理业务流程中所涉及的不相容职务，实施相应的分离措施，形成各司其职、各负其责、相互制约的工作机制。

对于不相容的职务，如果不实行相互分离的措施，就容易发生舞弊等行为。例如，物资采购业务，批准进行采购与直接办理采购即属于不相容的职务，如果这两个职务由同一个人担当，即出现该员工既有权决定采购什么、采购多少，又可以决定采购价格、采购时间等情况，如果没有其他岗位或人员的监督制约，就容易发生舞弊行为。又如，一个会计人员既保管支票印章，又负责签发支票，或者既记录支票登记簿，又登记银行存款日记账，或者既负责编制会计凭证，又负责企业与银行之间账目的审核与对账等工作，如此等等，就完全不符合不相容职务相互分离的控制原则，很有可能会导致舞弊行为的发生。

#### （二）不相容职务分离的核心要求

不相容职务分离的核心是“内部牵制”，因此，企业在设计、建立内部控制制度时，首先，应确定哪些岗位和职务是不相容的；其次，要明确规定各个机构和岗位的职责权限，使不相容岗位和职务之间能够相互监督、相互制约，形成有效的制衡机制。

不相容职务分离控制实质上是编辑策划控制在会计内部控制中的应用。职责分工控制要求根据企业目的和职能任务，按照科学、精简、高效的原则，合理设置职能部门和工作岗位，明确各部门、各岗位的职责权限，形成各司其职、各负其责、便于考核、相互制约的工作机制。

企业应当结合岗位特点和重要程度，建立规范的岗位轮换制度，防范并及时发现岗位职责履行过程中可能存在的重要风险，以强化职责分工控制的有效性。例如，企业应当明确财务等关键岗位员工轮岗的期限和有关要求。

由于不相容职务是指那些如果由一个人担任既可能发生错误和舞弊，又可能掩盖其错误和舞弊行为的职务，所以，内控制度强调要实行职务分离控制。又由于为了要增加舞弊发现概率，内控制度还强调关键岗位应建立强制轮换制度，这也是很重要的。由于领导、员工离岗时的工作交接会受到他人监督，那么其实施并掩盖舞弊的机会将大大减少，现实中有不少挪用或贪污等舞弊现象都是在工作交接时被发现的。

当然，职务分离和岗位轮换制度都是为了加强内部牵制，但不能因此而片面地理解内部控制就是内部牵制。事实上，内部牵制是内部控制的最初发展形式，内部牵制确实还是现代内部控制的重要方法和原则之一，是组织机构控制、职务分离控制的基础。但是，现代内部控制不仅仅是内部牵制，还包括预算控制、资产保护控制、人员素质控制、风险控制、内部报告控制、电子信息系统控制、内部审计控制等，而这些都不是内部牵制所能涵盖的。

### （三）不相容职务检查的主要内容

基于不相容职务分离的原则，企业在组织机构设置中，应考虑设计自动检查和平衡的功能，其检查要求有以下几点。

1. 每类经济业务的发生与完成，不论是简单的还是复杂的，必须经过两个以上的部门或人员，并保证业务循环中的有关部门和有关人员之间进行检查与核对。如果企业没有适当的职务分离，则发生错误和舞弊的可能性更大。对一项经济业务处理的全过程检查应注意其各个步骤是否分派给不同的部门和人员来负责，用以防止一人包办到底的情况发生。

2. 在每项经济业务检查中，检查者不应从属于被检查者领导，以保证检查出的问题不被掩盖，并及时得到纠正。例如，保管材料的仓库保管员在没有及时取得符合质量和数量要求的材料时，可能向上级领导反映，以便引起管理部门的重视；如果其上级是采购员，则反映结果往往会引起采购员的不满甚至抵触。同样，如果销售经理的上级是主管制造的副总经理，则销售经理将产品质量问题引起顾客不满而向上反映时，往往会被其上级所掩饰。

3. 权力与职责应当明确地授予具体的部门和人员，并尽可能给予有关部门与人员一定的自主权，以便为组织内部全部经济活动的各个岗位规定明确的经济责任。这种权力与职责通常应当以书面文件的形式加以规定。如果有责无权，内部控制的职责就会无法落实，这种情形应当及时发现、及时纠正。

### （四）不相容职务分离控制的主要目的

职务分离控制是指对处理某种经济业务所涉及的职责分派给不同的人员，使每个人的工作都是对其他有关人员的工作的一种自动检查。职务分离的主要目的是预防和及时发现职工在履行职责过程中产生错误和舞弊行为。

从控制的观点看，如果一位负有多项责任的人员在其正常的工作过程中会发生错误或舞弊，并且内部控制制度又难以发现，那么就可以肯定他所兼任的职务是不相容的。对于不相容职务必须进行分离，包括在组织机构之间的分离和组织机构内部有关人员之间的分离。为此，职务分离控制要求做到：

1. 任何业务尤其是货币资金收支业务的全过程，不能由某一个岗位或某一个人包办；
2. 经济业务的责任转移环节不能由某一个岗位单独办理；
3. 某一岗位履行职责情况绝不能由其自己说了算；
4. 财务等重要权力的行使必须接受定期独立的审查等。

## 二、授权审批控制

### （一）授权批准控制的基本要求

授权是指授予对某一大类业务或某项具体业务的决策作出决定的权力，通常包括常规授权（一般授权）和特别授权两种方式。

授权批准是指单位在办理各项经济业务时，必须经过规定授权批准的程序。

授权审批控制要求企业根据常规授权和特别授权的规定，明确各岗位办理业务和事项的权限范围、审批程序和相应责任等内容。

授权控制在日常工作中主要表现为审核批准控制，即要求企业各部门、各岗位按照规定的授权和程序，对相关经济业务和事项的真实性、合规性、合理性以及有关资料的完整性进行复核与审查，通过签署意见并签字或者签章，作出批准、不予批准或者作其他处理的决定。为此，企业应当编制常规授权权限指引，规范特别授权范围、权限、程序和责任，严格控制权。企业各级管理人员应当在授权范围内行使职权和承担责任。

### （二）授权批准体系

一个完善的授权批准体系包括以下几个方面。

#### 1. 授权批准的范围

企业所有的经营活动一般都应当纳入授权批准的范围，以便于全面预算与全面控制。授权批准的范围不仅包括控制各种业务的预算（计划）制定情况，还要就紧接的办理手续对相关人员进行授权；同时，对业务的业绩报告也要授权有关人员反映和考核。

#### 2. 授权层次

授权应当是有层次、区别不同情况的。根据经济活动的重要性和金额大小确定不同的授权批准层次，有利于保证各管理层和有关人员有权有责。授权批准在层次上应当考虑连续性，要将可能发生的情况全面纳入授权批准体系，避免出现真空地带。当然，应当允许根据具体情况的变化，不断对有关制度进行修正，适当调整授权层次。新出现的业务，要配上相应的规定；金额规模发生变动的，要修改原有的层次界定。

#### 3. 授权责任

被授权者应明确在履行权力时对哪些方面负责，避免授权责任不清，一旦出现问题又难以追究责任的情况发生。

以差旅费报销业务为例，应根据企业总体组织计划中对部门权限范围和职责作出相应的规定。此项业务一般会涉及以下三个部门与相关的人员：报销人员与所在部门负责人应对报销事项的真实性负责；审核的部门与人员应核定费用报销的相关标准；会计部门审核有关凭证的合法性、完整性，对符合条件的情形予以报销。

#### 4. 授权批准程序

企业的经济业务既涉及企业与外单位之间资产与劳务的交换，也包括在企业内部资产和劳务的转移和使用。因此，每类经济业务都会有一系列内部相互联系的流转程序。所以，企业应当规定清楚每一类经济业务的审批程序，以便按程序办理审批，避免超级和违规审批的情况发生。

### （三）授权批准管理要求

任何一个企业的授权控制应努力达到以下几方面的要求：

1. 企业所有人员不经合法授权，不能行使相应权力，这是最起码的要求。不经合法授权，任何人不能审批；有权授权的人则应在规定的权限范围内行事，不得越权授权。包括股东（大）会对董事会的授权原则，授权内容也应当在企业章程中作出明确具体的规定。

2. 企业的所有业务未经授权不能执行。企业内部的各级管理层必须在授权范围内行使职权和承担责任，经办人员也必须在授权范围内办理业务。

3. 对于审批人超越授权范围的审批业务，代办人员有权拒绝办理，但应及时向审批人的上级授权部门报告。

### （四）授权批准检查制度

通过必要的检查程序来确保每类经济业务授权批准的工作质量是很重要的环节之一。其主要方法如下。

1. 检查凭证和文件

经济业务发生和完成时，通常要编制、审核一系列凭证或文件，这些凭证文件（尤其是定量的标准与签章等记录）是授权批准的执行证据，通过审查可反映授权批准手续的执行程度。例如，核对购货发票和采购订单，以检查采购业务是否符合授权标准、价格是否合理、货款支付方式是否正确。如果购货发票上的数量、金额与定购单不一致，货款支付仅以购货发票为依据时，则说明在采购和货款支付的授权批准程序上存在失控情况。

2. 现场观察

观察授权批准的工作现场有时确实有助于判断授权批准的工作质量。例如，某企业规定购货时须经电话询问取得三种报价后才可发出订单，为了查明经办人员是否执行上述授权批准条件，只有通过现场观察才能了解确切。

## 三、财产保护控制

### （一）财产保护控制的基本要求

为了保全企业的财产，企业应当严格限制未经授权的人员接触和处置财产，并采取定期盘点、财产记录、账实核对、财产保险等措施，确保各种财产的安全完整。

## （二）限制接近

限制接近主要指严格限制无关人员对资产的接触，只有经过授权批准的人员才能够接触资产。限制接近包括限制对资产本身的直接接触和通过文件批准的方式对资产使用或分配的间接接触。一般情况下，对货币资金、有价证券、存货等变现能力强的资产，必须限制无关人员的直接接触。

### 1. 限制接近现金

现金收支的管理应该局限于特定的出纳员。这些出纳员要与控制现金余额的会计记录人员和登记应收账款的人员相分离。可以设立单独封闭的出纳室或带锁抽屉的收银机来保护现金的安全。零星现金的支出也可以通过指定专门的核算人员管理备用金的方法来加以控制。

### 2. 限制接近其他易变现资产

其他易变现资产，如应收票据和有价证券等，一般都是采用确保两个人同时接近资产的方式加以控制。如由银行等第三方保管易变现资产，在处理保管的易变现资产时，要求由两名管理人员共同签名等。

### 3. 限制接近存货

在制造业和批发企业中，存货的实物保护可以通过由专职的仓库保管员控制，设置分离、封闭的仓库区域，以及工作时间之内和工作时间之后控制进入仓库区域等方式实现。在零售企业中，存货的实物保护可以通过在营业时间中和营业时间后控制接近库房的方式（如使用夜盗警铃、发放有限的钥匙）来实现。另外，对贵重商品使用带锁的营业柜，以及聘用专人日常巡视和采用某些监控设备等，也是实物保护控制的措施之一。

## （三）定期盘点

定期盘点是指定期对实物资产进行盘点，并将盘点结果与会计记录进行比较。若盘点结果与会计记录不一致，可能说明资产管理上出现错误、浪费、损失或其他不正常现象，应当分析原因、查明责任、完善管理制度。

### 1. 定期与会计记录核对

实物资产盘点并与会计记录核对一致在很大程度上保证了资产的安全，虽然并不排除实物资产和会计记录存在相同错误的可能。为保证盘点时资产的安全，通常应先盘点实物，再核对账册，以防止盘盈资产的流失。

2. 进行差异调查与调整

实物盘点结果与有关会计记录之间的差异应由独立于保管和记录职务的人员进行调查。如果盘点结果与会计记录不一致，说明资产管理上可能出现错误、浪费、损失或其他不正常现象。为防止差异再次发生，应通过详细调查分析原因、查明责任，并根据资产性质、现行的制度、差异数额以及产生的原因，采取保护性控制。

## 四、预算控制

### （一）预算控制的基本要求

预算控制通常是以全面预算为手段，对企业内部各部门各单位的各种财务及非财务资源所进行的控制。预算控制要求企业加强对预算编制、执行、分析、考核等环节的管理，明确预算项目，建立预算标准，规范预算的编制、审定、下达和执行程序，及时分析和控制预算差异，采取改进措施，确保预算的执行。

为了引导企业加强对预算的内部控制，规范预算编制、审批、执行、分析与考核，提高预算的科学性和严肃性，促进实现预算目标，企业还应当遵循《企业内部控制应用指引第 15 号——全面预算》的规定。

预算是指企业结合整体目标及资源调配能力，经过合理预测、综合计算和全面平衡，对当年或者超过一个年度的生产经营和财务事项进行相关额度、经费的计划和安排的过程。企业预算一般包括经营预算、资本预算和财务预算。

企业建立预算管理体系，明确预算编制、审批、执行、分析、考核等各部门、各环节的职责任务、工作程序和具体要求。企业在建立与实施预算内部控制中，至少应当强化对下列关键方面或者关键环节的控制：

1. 职责分工、权限范围和审批程序应当明确规范，机构设置和人员配备应当科学合理；

2. 预算编制、执行、调整、分析、考核的控制流程应当清晰严密，对预算编制方法、审批程序、预算执行情况检查、预算调整、预算执行结果的分析考核等应当有明确的规定。

预算编制应当实行全员参与、上下结合、分级编制、逐级汇总、综合平衡。

企业应当按照内部经济活动的责任权限进行预算控制，预算内资金实行责任人限额审批，限额以上资金实行集体审批。严格控制无预算的资金支出。

### （二）预算工作组织领导与运行体制

企业应当建立预算工作组织领导与运行体制，明确企业最高权力机构、决策机构、预算管理部门及各预算执行单位的职责权限、授权批准程序和工作协调机制。

1. 股东大会（股东会）或企业章程规定的类似最高权力机构（以下统称为企业最高权力机构）负责审批企业年度预算方案。

2. 董事会或者企业章程规定的经理、厂长办公会等类似决策机构（以下统称为企业决策机构）负责制定企业年度预算方案。

3. 企业可以设立预算委员会、预算领导小组等专门机构（以下统称为企业预算管理部门）具体负责本企业预算管理工作。不具备设立专门机构条件的企业，可以指定财会部门等负责预算管理工作。

4. 总会计师应当协助企业负责人加强对企业预算管理工作的领导与业务指导。

5. 企业内部相关业务部门的主要负责人应当参与企业预算管理工作。

6. 企业预算管理部门主要负责拟定预算目标和预算政策；制定预算管理的具体措施和办法；组织编制、审议、平衡年度等预算草案；组织下达经批准的年度等预算；协调、解决预算编制和执行中的具体问题；考核预算执行情况，督促完成预算目标。

7. 企业内部生产、投资、筹资、物资管理、人力资源、市场营销等业务部门和所属分支机构在企业预算管理部门的领导下，具体负责本部门、本机构业务预算的编制、执行、控制、分析等工作，并配合预算管理部门做企业总预算的综合平衡、控制、分析、考核等工作。

8. 企业所属子公司在上级企业预算管理部门的指导下，负责本企业预算的编制、执行、控制和分析工作，并接受上级企业的检查和考核。所属基层企业负责人对本企业预算的执行结果负责。

企业应当制定预算工作流程，明确预算编制、执行、调整、分析与考核等各环节的控制要求，并设置相应的记录或凭证，如实记载各环节工作的开展情况，确保预算工作全过程得到有效控制。

# 第六章　信息时代企业业绩评价

## 第一节　企业业绩评价概述

随着以互联网和计算机技术为代表的新技术革命的迅速发展，人类社会从工业社会步入信息化社会已经成为不可扭转的大趋势。互联网在给人们的生活带来影响的同时，也不断地影响着企业的各个方面，企业面临的生存压力越来越大，面临的竞争越来越激烈，企业只有对其商业运行方式、内部管理模式等进行重大变革，才能在这个新时代立足。

企业业绩评价可以说是一个古老的话题，却关系到企业的生存和发展。首先，企业经营与发展的好坏是依据企业业绩评价的，尤其是企业的长期经营业绩更是一个反映企业实力的关键性因素；其次，企业业绩状况会反馈给相关利益主体，而对业绩进行客观评价会使相关利益主体更有动力推动企业业绩向着更好的方向发展；再次，企业业绩评价常常与企业的激励政策相关联，客观、公正地评价企业的业绩会促使企业员工充满活力与斗志，为实现企业的价值最大化而努力；最后，企业业绩评价会给企业未来战略方针的制定提供一个真实、可靠的参考依据。

但当人类步入互联网时代后，传统的企业业绩评价的弊端也逐渐显现出来，企业如何跟随“互联网+”的步伐，对其业绩评价系统进行创新，找到适合自身的“互联网+”企业信息化业绩评价方式是一个非常重要的问题。

### 一、企业业绩评价的定义

所谓业绩，又称为绩效、效绩。《韦伯斯特新世界词典》中对“绩效”的定义如下：①正在执行的活动或已经完成的活动；②重大的成就，正在进行的某种活动或者取得的成绩。《现代汉语词典》对其的定义如下：①建立的功劳和完成的事业；②重大的成就。

结合中英文的定义，可以看出中文和英文都强调了业绩的结果性，同时，两者也有所区别，《韦伯斯特新世界词典》还强调了业绩的过程性。

评价，又叫评估，是指为了达到一定的目的，运用特定的指标，比照特定的标准，采用特定的方法，对事物作出价值判断的一种认识活动，即通过比较分析作出全面判断的过程。

国有资本金效绩评价（以下简称企业效绩评价）是指运用科学、规范的评价方法，对企业一定经营期间的资产运营、财务效益等经营成果进行定量及定性对比分析，作出真实、客观、公正的综合评判。这里认为，业绩评价是指评价主体运用特定的评价指标、评价标准和评价方法，对企业活动的过程和结果进行的一种价值判断和评估。企业业绩评价不仅包括对企业经营结果（即回答做了什么）的评价，还包括对经营过程（即回答怎么做的）的评价。对于一个企业而言，其业绩不仅表现为战略目标的实现，还表现为实现战略目标过程的效率，即公司如何以更少的资源实现更大的目标。

## 二、企业业绩评价的要素

明确了企业业绩评价的定义以后，在进行实际业绩评价时，又会遇到这样几个问题，即业绩评价是对谁评价、谁来评价、要用到什么方法、依据是什么等。这些就是企业业绩评价的要素。一个有效的业绩评价系统是由下列因素有机组成的：评价主体、评价客体、评价指标、评价标准、评价方法和评价报告。

评价主体——“谁来评价”，主要包括资产所有者、经营管理者、政府部门以及其他利益相关者。资产所有者包括企业的股东和债权人，股东希望对企业管理层的管理能力、企业价值、发展前景等进行评价，债权人希望对企业的偿债能力进行评价；经营管理者希望对企业的经营管理现状和未来的发展进行评价；政府部门需要对企业的纳税、遵守法规等情况进行评价。

评价客体——“对谁评价”，即评价对象，一般包括企业、某个部门、项目、经营管理者等。另外，需要注意的是，某些时候（当战略执行结果难以直接衡量时），要先将评价客体进行分解、映射，将战略的执行结果对应到具体的活动和组织中，再对其进行业绩测量、分析和评价，最终进行归总，得出整体业绩。

评价指标——“具体怎么做”，业绩评价的指标有很多，在分析不同的企业时，要具体选择不同的关键指标对其进行评价。一般来说，评价指标可以分为定量指标和定性指标、财务指标和非财务指标、短期指标和长期指标，在具体的选择过程中要结合特定的企业、特定的企业发展时期、特定的行业等作出评价。

评价标准——“依据是什么”，即评价的“参照物”，一般被称为“标杆”，就是对评价对象业绩好坏进行评价的依据。一般来说，企业业绩评价的标准分为企业内部标准、竞争对手标准、行业标准、国家标准和国际标准等。

评价方法——“怎么评价”，一般包括指标法、趋势法、情景模拟法、强制比例法、重要事件法等方法。科学合理的评价方法是取得科学合理的评价结果的保障。

评价报告——“结果是什么”，是企业业绩评价的综合性文件。它是通过对业绩评价数据按照一定的方法计算、加工和处理，在一定的评价标准下得到的关于经营管理水平高低的判断和结论，为未来企业的经营发展提供建议和支持。

企业业绩评价的六个要素相互联系，共同组成了一个完整的系统。其中，评价主体和评价客体是业绩评价系统的基础；评价指标、评价标准和评价方法是业绩评价的核心，决定了评价报告的内容和可信度；评价报告则把业绩评价的结果反馈给评价主体。

## 三、企业业绩评价的基本方法

企业业绩评价的方法包括两种：定性分析方法和定量分析方法。具体来说，主要有以下几种方法。

### （一）指标法

指标法是指用财务指标对评价客体进行考评的方法，是一种定性的评价方法。

### （二）趋势法

趋势法涉及较长的时间，而不仅仅是对一个时点的分析，因此趋势法可以通过对比不同时点，对企业的持续经营业绩进行评价，包括销售趋势、成本变化趋势、利润变化趋势等。通过对过去几年的数据进行对比分析，不仅能考核过去的经营业绩，还能对未来的发展作出预测。

### （三）情景模拟法

情景模拟法是一种要求员工在评价主体面前完成与实际工作相类似的工作，评价主体根据员工在特定情景下的表现和成果对其进行评价的方法。

### （四）强制比例法

根据正态分布原理，优秀和不合格人员之和应该与合格的普通人员人数大致相等。基于这个假设，可强制性规定公司业绩评价中优秀成员占总成员人数的20%，合格成员占总成员人数的60%，剩下40%为不合格成员。

### （五）评语法

评语法是指评价主体依据评价客体的实际表现、业绩等，对其进行文字性的评价，通常为撰写评语。

### （六）重要事件法

重要事件法是指在平时就对评价客体的行为进行记载，主要记载其突出成就和重大处罚等，在进行评价时，根据这些记录，对评价客体进行评价。

### （七）序列比较法

序列比较法是指依据相同的评价标准和评价指标，即同样的工作目标等，对不同的评价客体进行比较，得出排名顺序，排名靠前的评价较好；反之，则相对较差。

### （八）目标考核法

目标考核法是指根据评价客体完成工作目标的情况进行考核的一种方法。此方法适用于推行目标管理的项目或部门。

### （九）等级评价法

等级评价法是将对评价客体的评价分成不同的几个评价等级（每个等级中的评价指标也不同），然后根据不同的评价标准，把各个评价指标具体细化为优秀、良好、合格、不合格四个等级，从而进行综合评价的方法。

### （十）综合法

综合法是指将以上几种方法综合起来进行评价，以提高评价结果的正确性和客观性的方法。

## 四、企业业绩评价的分类

一是以评价主体为划分标准，企业业绩评价分为政府评价行为和社会评价行为。政府评价行为是指政府有关部门根据资产管理和财务分析需要、企业监管需要、人事任免考核或奖惩需要等，分别或联合组织的企业效绩评价。社会评价行为包括母公司对全资和控股子公司的评价、债权人对债务人的评价、投资者对拟投资企业的评价、企业自我评价等。

二是以业绩评价的主体和目的为划分标准，可以将业绩评价分为四个层次：投资者对作为投资对象的企业价值的分析，政府部门所进行的以企业所提供的税金、就业机会、职工的社会福利、环境保护等为主要内容的社会贡献评价，资源提供者对经营者业绩的评价，经营者所进行的内部管理业绩评价。

其中，投资者的企业价值分析是指资本市场上进行股票买卖或者筹划企业购并的投资者在投资之前所进行的决策分析，往往通过和市场价格进行比较确定投资价值；政府部门的社会贡献评价主要通过一些特定指标，如社会贡献率、人均利税率、就业增长率等形成补充性的投资决策参考和政府行业政策、税收政策参考；资源提供者对经营者业绩的评价用于经营者的聘任决策、经营者的报酬计划及公司治理结构的构建，是指提供价值增值资源、委托经营者进行经营和管理的委托人（主要指股东）对经营者作为代理人是否达到委托人期望目标的分析；经营者所进行的内部管理业绩评价主要是指企业经营者对于内部经营单位的业绩评价，或者较高级管理层对下级管理层的业绩评价。

三是按照企业绩效评价主体的历史演进过程，可以将企业业绩评价分为一元评价主体时期、二元评价主体时期和多元评价主体时期。一元评价主体是指投资者，评价目的也只是满足自己生产管理的需要；二元评价主体指的是投资者和债权人，这种评价是基于投资者与债权人利益的业绩评价；多元评价主体除包括投资者、债权人外，还包括管理者、员工、供应商、消费者、政府等众多的利益相关者。

四是以评价指标为划分标准，可以将业绩评价系统划分为三种模式，即财务模式、价值模式和平衡模式。财务模式是指以投资报酬率为核心的业绩评价；价值模式以股东财富最大化为导向，所使用的评价指标主要是根据未来现金流量得到的贴现类指标，主要包括经济增加值等；平衡模式是以战略目标为导向，通过指标间的各种平衡关系以及战略指标或关键指标的选取来体现企业不同利益相关者的期望，从而实现企业价值最大化的目标。

## 第二节　企业业绩评价阶段

人类进入资本主义社会之后，两权分离标志着真正意义上的业绩评价开始建立。自20世纪80年代美国“科学管理之父”泰勒创立科学管理理论以来，西方国家对企业业绩评价的研究开始逐步深入。90年代以来，国内的专家学者也开始重视业绩评价问题，并进行了一系列探索。下面分别对西方和我国企业业绩评价阶段进行详细论述。

## 一、西方企业业绩评价阶段

企业经营特点以及社会经济环境不同，其业绩评价也会不同。根据业绩评价指标的不同，西方企业业绩评价可分为成本控制业绩评价阶段、会计基础业绩评价阶段、经济基础业绩评价阶段、战略管理业绩评价阶段、利益相关者业绩评价阶段。

### （一）成本控制业绩评价阶段

在古典型企业占统治地位的资本主义发展时期（19 世纪初），企业的所有权和经营权还没有分离，企业的所有者就是经营者，企业外部的市场竞争不激烈，主要是卖方市场；另外，企业的规模相对较小，生产过程简单，产品也较单一。这时的业绩评价主要关注企业的生产效率，强调成本管理，追求低成本。这一时期的业绩评价先后经历了简单的成本业绩评价、较复杂的成本业绩评价和标准成本业绩评价三个阶段。企业业绩评价以成本评价指标为中心，包括成本、实际成本、产品直接成本和间接成本、标准成本及这些成本差异的分析结果。

### （二）会计基础业绩评价阶段

20 世纪初，资本主义市场经济已进入稳定发展时期，企业之间的竞争由自由竞争过渡到垄断竞争，企业主要处于单一、静态、安全、简单的以卖方市场为主的外部环境中；另外，随着企业经营规模不断扩大、经营产品品种不断增加，这时企业的经营目标主要是提高生产率，追求利润最大化。为满足企业经营管理的目标，业绩评价指标开始从以往单一的成本指标发展为包含获利能力、偿债能力、资产营运效率、发展能力等在内的多项指标，这些指标能反映企业对相关资源的运用能力和效率，能够帮助企业实现对资源的有效配置。

20 世纪初，美国杜邦公司设计了投资报酬率指标（ROI），并将其分为两个重要的财务指标——销售利润率和资产周转率，这两个指标为企业的经营管理决策提供了重要的依据。20 世纪 20 年代，销售利润率得到了广泛应用。20 年代，亚历山大·沃尔提出了综合比率评价体系，即沃尔评分法。该方法主要选取了 7 个指标，并同时赋予它们一定的比重和标准比率，通过计算每个指标的得分，最终得到实际的综合得分。综上所述，会计基础业绩评价阶段的企业业绩评价指标主要以投资报酬率、净资产收益率为核心，与之对应的评价标准主要包括预算标准、行业标准、历史标准。

### （三）经济基础业绩评价阶段

20 世纪 80 年代，企业的外部环境由原来的静态、稳定变得动态、多样、复杂、危险，企业外部竞争者众多，企业之间竞争激烈，而企业的内部环境也变得更加复杂，会计基础业绩评价模式已经无法反映企业真实的管理业绩，容易导致管理者的短期行为，很难满足这一时期的经营管理要求。这一时期企业业绩评价的着眼点变为企业长期竞争优势的形成和保持。因此，基于股东价值最大化的经济增加值（EVA）开始占主导地位，与之对应的评价标准是长期的计划标准。

### （四）战略管理业绩评价阶段

20 世纪 90 年代，企业的经营环境发生了巨大的变化，这些变化主要体现为人力资本和无形资产变得越来越重要。另外，伴随着经济全球化和新经济时代的到来，市场发生了剧烈的变化，全球范围内的竞争加剧，客户的需求变得多样化和个性化，同时社会环境等方面也发生了重大的变化，企业要生存和发展，就必须具有战略眼光，不断提高企业的竞争力和价值。在此背景下，20 世纪末，美国学者卡普兰和诺顿提出了“平衡计分卡”（BSC），从企业财务层面、客户层面、内部业务流程层面和学习与成长层面对企业的业绩进行综合评价，与之对应的评价标准主要是竞争标准。

### （五）利益相关者业绩评价阶段

21 世纪，企业的利益相关者对企业的经营发展产生了越来越大的影响，同时企业伦理、社会责任、环境保护等问题也越来越多地受到人们的关注。因此，企业的经营目标从追求企业价值最大化转向追求包括股东、债权人、顾客、员工、社会等在内的企业利益相关者的利益最大化。这一时期的评价指标主要是企业各种利益相关者关心的综合指标（财务指标与非财务指标相结合的指标），具有代表性的业绩评价方法是业绩三棱柱（PP）。

从开始的成本控制业绩评价阶段、会计基础业绩评价阶段、经济基础业绩评价阶段、战略管理业绩评价阶段到利益相关者业绩评价阶段，西方企业业绩评价不断向科学化、合理化发展。从业绩评价指标来说，由简单的一维评价指标向多维的综合指标发展；从业绩评价方法来说，由定量评价方法发展为定量评价与定性评价相结合的综合评价方法。

## 二、国内企业业绩评价阶段

企业发展的四个阶段是指企业的形成阶段、发展阶段、成熟阶段、衰亡阶段。

### 1. 特征

（1）形成阶段

比较杂乱，资金、人员、技术和工艺等都比较薄弱，管理没有真正形成。

（2）发展阶段

经过一段时间的发展，企业已经有了一定规模，在各方面积累了一定的基础，呈现了发展的态势。

（3）成熟阶段

企业发展到一个鼎盛时期，规模较以前明显增大，人员稳定，工艺技术成熟，管理有自己的风格，有一定的竞争实力。

（4）衰亡阶段

企业无法发展下去，勉强维持生产经营或者面临着内忧外患，经营困难，员工流失严重，企业人心动荡，濒临倒闭。

初创期，企业的目标就是生存，这个阶段谈什么公司管理，流程、制度建设，都不现实。在这个阶段，企业的培训以业务和销售为主，几乎都是内部培训。成长期（快速成长阶段），在我国有67%的企业在这个阶段死掉。在经历过原始积累的生存努力之后，很多企业都会慢慢找到属于它的生存方式、业务模式、盈利模式、财务管理等，这些是一个公司运转的基础。这个阶段企业人员增长得很快，企业管理基本实现规范化。这个阶段企业需要找到一个蓝海，保持持续稳定发展。在这个阶段企业需要建立自己的、完善的培训体系。

### 2. 企业发展主要分类

（1）平衡发展

平衡发展也可称为稳步发展，主要表现为企业营业收入增长率高于通货膨胀率。

企业能够支付管理费用、财务费用、流动资金需求并有盈余用于企业发展投资。企业资金结构合理，财务费用不超过一定标准。

（2）过快发展

过快发展即营业额增长很快，而存货和应收账款也相应增长，且后两项增长比营业额快，企业运营资金需求增加，但企业没有足够的资金来源来满足资金需求的增长，从而引起企业现金支付困难。

（3）失控发展

失控发展即市场需求增长很快，企业预期增长将持续，因而企业通过借款来支持这种增长，营运资金为负。一旦市场需求减少，因生产能力已经扩大，固定费用支出增加，企业却发生销售困难，资金结构极不合理且难以转变，而造成发展失控。

（4）负债发展

企业盈利很低，却决定大量举债投资，营运资金为正，营运资金需求也大量增加，但企业利润增长缓慢。这是不平衡的冒险发展。企业自我发展能力很低，却有大量借款。

（5）周期性发展

企业发展随经济周期的变化而变化，如冶金行业，企业在经济扩张时期发展很快，盈利较好；在需求不足时期，盈利下降，发展缓慢。这种企业的投资应以长期发展趋势来定，避免因企业固定费用增加而陷入困境。

（6）低速发展

企业盈利率较低，没有新增生产能力，也没有新产品进入市场，企业投资已经收回，流动资产和流动负债均没有增长。这些企业对竞争很敏感，企业的投资与发展没有保障。

（7）慢速发展

企业主动投资减少，企业营业额增长放慢，但企业流动资产仍有增长。可能是企业产品竞争能力降低，也可能是企业盈利率降低，难以再投资。有一些企业往往在此时靠增加对外投资来解决面临的问题。

分析企业所处的发展阶段或状态，有利于我们对各项财务指标作出更准确的评价。

## 第三节　企业业绩评价方法

企业业绩评价方法主要包括两类：责任中心的业绩评价方法和企业综合业绩评价方法。

### 一、责任中心的业绩评价

责任中心是指承担一定经济责任，并具有一定权利的企业内部（责任）单位。依据责任中心所承担的经济责任和责任对象的特点，可将其分为成本中心、利润中心和投资中心。

## （一）成本中心业绩评价

### 1. 成本中心的概念

成本中心是指只对生产经营过程中的成本或费用承担责任，即只负责计量该中心发生的成本和费用，并评价其中的可控成本。这种中心往往没有或者有少量的不考核的收入。

成本中心可分为两类：标准成本中心和费用中心。

（1）标准成本中心

标准成本中心是单位产品所需要的投入量固定，并且所生产的产品稳定的成本中心，也可以说，其所生产的产品稳定而明确，产出物能用财务指标衡量，一般包括制造业工厂、车间、工段、班组等。

在平常的生产经营中，每种产品都可以确定原材料、人工和制造费用的数量与价格标准。因此，每个行业都存在标准成本中心，只要这个责任中心涉及一系列重复的生产经营活动，并且其投入和产出有明确的函数关系。

标准成本中心的考核标准是既定产品质量和数量的标准成本。需要注意的是，标准成本中心不对生产能力的利用程度负责，只对既定产量的投入量负责。

（2）费用中心

当成本中心的产出物不能用财务指标衡量或投入和产出没有密切关系时，这个成本中心就是费用中心。一般行政管理部门的产出难以度量，研究开发和销售活动的投入量和产出量没有密切的关系，所以一般责任中心包括会计、人事、设备改造、新产品研制、广告、宣传、仓储等部门。

针对费用中心的考核，一般使用费用预算评价，同时还要注意结合费用中心的工作质量和服务水平进行判断。

### 2. 责任成本

责任中心发生的成本可以分为可控成本和不可控成本。在特定时期内，特定责任中心能够直接控制其发生的成本为可控成本，否则为不可控成本。

责任成本是指责任中心发生的且可控的成本，以具体的责任单位（部门、单位或个人）为对象，以其承担的责任为范围所归集的责任成本，也就是特定责任中心的全部可控成本。

可控成本指责任中心能够实施调控的成本，受责任中心经营决策和工作活动的影响。一般具有以下特征：可预知性，即该责任中心或其负责人事先可以预知将要发生什么成本、发生多少；可计量性，即责任中心或其负责人能对发生的成本进行准确的计量；可调控性，即该责任中心或其负责人可以在权责范围内对相关成本进行调控。可控成本必须有一个明确特定的主体。一项成本对某个特定主体来说是可控的，但对另一个主体来说却可能不可控。最常见的情况是，下级单位的工资，对上级来说是可控的，但对其和其下级来说，都是不可控的。责任中心的另一部分成本就是不可控成本，是指某个责任中心不能通过行动或意志控制的成本。

## （二）利润中心业绩评价

### 1. 利润中心的概念

当某个责任中心既能决定生产又能决定销售，也就是可以决定生产种类、生产方式、产品质量、销售价格、销售方式以及生产资源在不同产品中的配置方式等的时候，那么这个责任中心就是利润中心或投资中心。而当这个几乎拥有全部经营决策权的责任中心没有能力控制该中心的投资水平时，这个责任中心就是利润中心，就需要既对成本和费用负责，又对收入和利润负责。

一般利润中心有两种类型：一种是自然的利润中心，它们直接向市场出售产品，并从外部市场买入原材料，如某公司的事业部拥有对外直接买入原材料、生产产品、卖出产品的权限，因此是自然的利润中心；另一种是人为的利润中心，它们不直接向企业外部（市场）购销产品，而一般在企业内部以内部转移价格卖给内部单位或企业的全部产品，由统一的销售部门负责对外营销，如公司的修理、供水和供电部门可以以固定的价格向企业内部部门收取一定的费用，一般被视为人为的利润中心。利润中心实质上是指该中心负责人有权进行供货来源和市场销售方面的决策，即该中心可以向客户销售大部分的产品，并且可以自主选择所需要的材料和服务的来源。进行利润中心业绩评价的真正原因是制定激励下级单位努力完成公司目标的经营决策，所以虽然某些生产部门也可以计算利润指标，但是它们并不具有广泛的权力，因此不能用利润指标评价该中心的业绩。

### 2. 利润中心的评价指标

首先，选择利润来评价利润中心的业绩。其次，考虑加入一些非货币性的指标来加以补充，如生产率、市场份额、产品质量、职工态度、社会责任等。最后，在进行业绩评价前，需要注意针对具体的利润中心，确定利润指标和分配成本，为该利润中心确定合理的转移价格。

在评价利润中心时，至少要涉及边际贡献、部门可控边际贡献、部门税前经营利润。

边际贡献=销售收入-变动成本总额，将边际贡献作为利润中心的业绩评价依据不够全面。部门经理至少可以控制某些固定成本，并且在固定成本和变动成本划分上有一定的选择余地。以边际贡献为评价依据，可能导致部门经理尽可能多地增加固定成本的支出，而减少变动成本。

部门可控边际贡献=边际贡献-可控固定成本，以部门可控边际贡献为部门经理的业绩评价指标。它反映了部门经理在其权限和控制范围内有效使用资源的能力，部门经理可以控制收入以及变动成本和部分固定成本，因而可以对可控边际贡献承担责任。

部门税前经营利润=部门可控边际贡献-不可控固定成本，将税前营业利润作为该部门的业绩评价指标。

### （三）投资中心业绩评价

投资中心是指某些责任中心的经理不仅可以自主决定产品价格、生产方法，还可以作出投资规模、投资类型等投资决策，即投资中心的经理不仅控制分摊企业的管理费用外的全部成本和收入，还能控制占用的资产。一般对于投资中心的业绩评价包括该部门的投资报酬率、剩余收益、经济增加值等。

## 二、企业综合业绩评价方法

常见的企业综合业绩评价方法主要有杜邦分析法、沃尔评分法、经济增加值和平衡计分卡等。综合评价法可以从企业的多个方面对企业的经营管理进行分析和评价，有利于评价结果的客观、公正。下面对这几种方法分别进行具体介绍。

### （一）杜邦分析法

20 世纪 20 年代，美国杜邦公司构建了杜邦分析体系。杜邦分析法考虑了销售净利率、总资产周转率、权益乘数等财务比率之间的内在关系，是运用多种财务比率，综合分析财务状况的一种分析方法。

净资产收益率=总资产净利率×权益乘数=销售净利率×总资产周转率×权益乘数

第一，净资产收益率是杜邦体系的核心，也是最有代表性的指标。另外，净资产收益率直接反映了股东的获利能力，净资产收益率越大，表示股东的获利能力越强。通过对其的分解可以揭示股东获利能力的影响因素，以及未来可以提升的方面，从而进一步揭示企业经营、投资、筹资等经营效率。

第二，资产净利率是表示企业资产获利能力的重要指标。它可以揭示总资产的管理效率，净资产收益率越高，表示企业单位资产的获利能力越强。另外，企业的成本费用、资本结构等因素都会影响它的高低。

第三，权益乘数的高低直接揭示了企业资本结构是否合理，它是所有者权益与企业总资产的倒数，与资产负债率具有密切的关系：权益乘数＝1÷（1－资产负债率）。企业的权益乘数高，说明企业主要是利用负债进行融资，适度的杠杆能给企业股东带来收益，但是过高的权益乘数会增加企业的财务风险。因此，企业应该结合自身和行业特性，保持企业的权益乘数在一定的范围内，适度利用杠杆效益，利用负债经营。

第四，销售净利率是企业净利润与销售收入的比值。销售净利率越高，表示企业的盈利能力越高。提高销售净利率要从两方面入手：一是要不断扩大市场份额，提高营业收入；二是要降低成本费用，增加利润。

第五，总资产周转率是反映企业总资产营运能力的指标。总资产周转率越高，表明企业的资产利用率越高。企业可以通过加快回收应收账款管理和减少坏账准备、定期管理存货、固定资产等，减少它们的不合理损耗，提高资产周转率。

### （二）沃尔评分法

20世纪初，美国学者亚历山大·沃尔提出了沃尔评分法。沃尔评分法对选定的多项财务比率进行评分，通过计算综合得分，得出企业的综合经营管理情况，从而进一步得出企业的信用水平。

沃尔评分法主要选取了7个指标，包括流动比率、存货周转率等。

利用沃尔评分法进行企业业绩评价时，主要包含以下步骤：

第一，确定指标。要选择能反映企业经营管理能力的综合指标，选择的指标要从企业各方面的能力（如盈利能力、营运能力、偿债能力等）综合反映企业的经营管理现状。沃尔评分法包括流动比率、净资产/负债、资产/固定资产、应收账款周转率、存货周转率、固定资产周转率和销售收入/净资产。

第二，确定各指标的权重。在确定权重时，要根据各个指标对企业经营管理的影响程度、评价企业的特殊性、行业的特殊要求、评价目的、评价主题等情况决定。

第三，确定标准值。可以根据国家、特定行业、特定时间的指标及标准，确定比较值，标准值一般是企业所处行业的平均值。

第四，确定实际值。根据企业的实际财务报表，计算得到企业各个指标的实际值。

第五，确定相对比率。其公式如下：某项财务指标的相对比率＝该指标的实际值/该指标的标准值。

第六，确定综合系数。各项财务指标的相对比率乘以权重，得到各个指标的得分，再将其相加就能得到企业的综合系数，其公式如下：综合系数=Σ各项指标的得分=Σ（各项指标权重×该指标的相对比率）。

第七，确定评价结果。一般认为，当企业的综合系数为100%或接近100%时，企业的经营状况符合要求；如果小于100%，则认为企业经营状况欠佳。

沃尔评分法是一种综合评价企业业绩的方法，但其仅仅只有7个指标，并且沃尔并没有解释为什么要选择这几个指标，因此能否依靠这7个指标判断企业整体的经营状况的好坏，还需要进一步证明。另外，运用沃尔评分法时，某一个指标异常，会对结果产生很大的影响。虽然沃尔评分法可能存在缺陷，但其思想和理论在实践中被广泛应用。

### （三）经济增加值

目前，越来越多的企业开始从价值创造的角度来评价企业业绩。经济增加值是把盈利基础和市场基础结合起来的企业业绩考核指标。

其中，股东最关注的是自身财富是否得到增长，可以用市场价值增加值（MVV）表示，其公式如下：

MVV=市值-总资本

市场增加值仅能从外部对上市公司进行整体评价，不能评价企业内部的业绩。美国思腾思特咨询公司（Stern & Stewart）提出了经济增加值（EVA）的指标，并证明了EVA是与MVV相关程度最高的内部业绩指标。经济增加值是建立在经济利润基础上的，核心理念是股东价值最大化。它需要将所有的运营费用、债务资本成本和权益成本全部计入成本，是评价企业是否为股东创造价值、资本是否保值增值的指标。

#### 1. 经济增加值的计算

经济增加值=税后净营业利润-资本成本=税后净营业利润-资本占用额×加权平均资产成本率

根据上述公式，经济增加值主要取决于税后净营业利润、资本占用额和加权平均资本成本。税后净营业利润表示企业的盈利状况，资本占用额指企业投入的有息债务资本和股权资本之和，加权平均资本成本指企业各种资本成本的加权平均数。

加权平均资本成本=股权资本市场价值所占比例×股权资本成本+债权资本市场价值所占比例×债权资本成本×（1-所得税税率）

经济增加值是指扣除所有资本成本之后的剩余利润、剩余收益。对一家企业来说，当企业的收益率高于加权平均资本成本时，公司才会增值；而对股东来说，当资本收益率大于全部资本时，股东才会获得收益。

增加企业价值主要有以下三种方式。第一，增加利润，在作出相关的投资决策时，当项目的预期投资收益率大于资本成本时，接受该项目；否则，拒绝该项目。第二，提高资金使用率，提高资金周转速度。第三，通过内部融资，降低资本成本。

### 2. 税后净营业利润和资本占用

税后净营业利润和资本占用都是根据企业的财务报表调整计算出来的。

（1）税后净营业利润

税后净营业利润是在不考虑资本结构的情况下公司税后所获利润，是全部资本的税后投资收益，反映了公司资产总体的盈利能力，等于税后净利润加上利息支出部分（如果税后净利润计算中已经扣除少数股东权益，应加回），也等于销售收入减去利息支出以外的全部经营成本和费用（包括所得税）后的净值。税后净营业利润可在对利润表调整计算后得到。

（2）资本占用

资本占用指投资者投入公司运营的全部资金的账面价值，包括债务资本和股本资本。其中，债务资本不包括不产生利息的商业信用负债，如应付账款、应付票据、其他应付款等。股权资本包括普通股和少数股东权益。资本占用额可根据资产负债调整得到，主要涉及以下几个项目的调整：

第一，无息流动负债——扣除。无息流动负债是不需要支付利息的短期负债，包括应付账款、应付职工薪酬和不需要支付利息的应付票据等。因为无息负债不占用资本，不属于资本占用，应予以扣除。

第二，在建工程——不应作为资金占用的部分。在建工程是对企业未来发展的投入，在当期并不能带来收益。如果不将在建工程扣除，经营者可能会因为考虑到在建工程占用的资金对业绩考核的影响而放弃对在建工程的投入，这将不利于企业的长期发展。

第三，减值准备——加回。资产减值准备是基于谨慎性原则计提的，不属于企业的实际损失，应当加回，作为资本占用的组成部分。

第四，非经常性收支属于股东资本。营业外收支和政府补助属于企业偶然的收支项目，可以看成对企业正常项目资金占用的机会成本，因此应将非经常性净支出加回，非经营性净收入扣除。

### 3. 经济增加值价值管理体系

经济增加值价值管理体系从业绩考核、管理体系、激励机制和理念体系四个方面，提出如何使管理层致力于股东价值最大化，最终提升公司的价值创造能力和核心竞争力。

（1）M1 ——业绩考核

业绩考核是经济增加值价值管理体系的关键环节。以经济增加值为核心的业绩考核体系是以企业长期价值创造为导向，从股东利益出发，并充分考虑了企业的规模、发展阶段、行业特点和对标等的经营成果的考核。

（2）M2 ——管理体系

经济增加值体系下包括了管理决策的所有方面，包括战略企划、资本分配、并购或撤资的估价和制定年度计划决策。

（3）M3 ——激励机制

激励机制是经济增加值价值管理体系的重要组成部分，它能将管理层、员工为股东创造的财富与激励联系起来，实现长期激励价值创造，既能保障股东和经营者的利益，又能实现公司的长远发展。经济增加值激励机制的薪酬方案包括基本工资、年度奖金、中长期奖金和股票期权。

（4）M4 ——理念体系

经济增加值可以使企业所有部门以价值创造为核心，减少部门之间不信任、各自为政的现象，完善公司治理机制，形成股东、管理层和员工之间有效的价值创造机制。

## 第四节 企业环境业绩评价

### 一、环境业绩评价的概念

环境业绩评价包括宏观层面上对一个国家的环境业绩评价和微观层面上对企业的环境业绩评价。前者主要针对一个国家在生产过程中产生的环境问题设立评价指标，以此分析经济发展和环境协调中存在的问题。对企业环境业绩的理解要从两个方面来把握：一是企业的环境行为对企业自身发展能力的影响，它促使企业发现生产经营活动中存在的环境问题，提高企业的组织能力，是企业改善环境业绩的内部驱动力；二是企业的内部环境行为对外部自然环境的影响，这是企业改善环境业绩的外部驱动力，这在一定程度上影响了政府对企业的政策、顾客对企业的认知等一系列外部因素。

国际标准化组织 ISO 定义企业环境业绩评价为，“企业通过选择参数和分析数据，依据环境绩效准则对企业的生产管理过程进行业绩评价，以检测其在资源节约和污染治理等方面取得的环境保护绩效的过程和管理工具，旨在帮助管理者持续根据评价的结果对组织活动进行决策”。对应地，我们可以从狭义层面和广义层面上理解企业的环境业绩评价。从狭义的层面上，企业环境业绩评价是指对企业在环境要求中的表现和环境指标上取得的效果的衡量。企业环境业绩指标要具有代表性，且可以进行准确量化，将企业的环境信息转换为可以测量的标准化定量信息，从而更科学、直观地反映企业的环境业绩，有利于企业各利益相关者对企业环境业绩的纵向比较以及不同企业之间环境业绩的横向比较。广义上，企业环境业绩评价指对企业充分利用资源和保护生态环境等方面所作出的贡献和成果的评价，这就要求评价更具广泛性、综合性、层次性和动态性。

## 二、企业环境业绩评价的意义

### （一）优化企业现有业绩评价体系

企业目前的业绩评价体系过度依赖财务指标，没有考虑到长期环境指标的重要性，评价指标较为单一。建立环境业绩评价体系可以弥补现有制度的不足，使评价指标更加多元化。通过多种类型的评价指标进行多方位、多角度的测评，能够更加真实、全面地评价企业的综合绩效水平。环境业绩评价理应成为企业综合业绩评价不可缺少的组成部分，完善现有评价制度，发挥其应有的作用。

### （二）有效衡量环境成本与收益

企业建立环境业绩评价体系，有利于对企业的环境行为导致的经济利益的增加或减少进行充分计量。企业在生产过程中浪费的资源价值、违反环保法规受到的罚款支出、对环境污染的治理费用等环境成本，以及企业因环保行为受到的政府奖励和税收优惠政策、生产绿色产品带来的利润的增加、回收利用废弃物节约的资源等环境收益，都可以利用环境会计工具进行计算分析得出。这些数据最终反映在企业的环境业绩中，能够激励企业严格实施环境管理，不断增加环境收益，进一步降低环境代价。

### （三）有利于企业环境信息的公开透明

如今绿色环保观念已经深入人心，企业外部的信息使用者希望企业能公布更多与环境有关的信息。企业环境业绩评价体系承载了企业运营中与环境有关的所有信息，有利于企业环境信息的公开。对企业进行环境业绩评价，为各利害关系人拓宽全面了解企业的渠道，有助于他们掌握更多的信息，从而作出最优的决策。另外，企业积极对外披露环境信息，以显示企业保护环境的信心与决心，有利于提高企业在社会中的绿色环保形象，增强企业的软实力。

### （四）有效应对政府机制的环境监管

面对自然环境状况的逐渐恶化，政府机制日益加强对企业的环境监管。环保部门出台最严环境保护法，严格控制企业的环境污染行为；金融机构逐步完善绿色资本市场，将环境绩效差的企业的贷款融资请求拒之门外；证券监管部门提高上市公司准入门槛，对公司进行环境审核，并要求上市公司加大环境信息披露力度。企业要想降低环境处罚风险，顺利通过金融机构、证监部门的监管，在资本市场和证券市场融入更多经营资本，就必须重视环境问题。通过绿色经营，不断改善环境业绩，企业能够有效应对政府机制的环境监管，减少对自身发展造成的不利影响。

### （五）有利于保持企业的长期竞争力

企业对环境业绩进行评价，有利于将其重要性提高到战略层次。实施环境战略要求企业在决策中对环境效益进行充分考量，这样有助于作出符合自身长期战略目标的正确判断。企业要想在日常生产经营中重视环境管理，就必须积极引进绿色生产工艺、开发环保节能技术，这样必然使企业加大科研资金投入，提高企业的科研实力，而科学技术正是企业获得长期发展的灵魂。因此，企业通过实施环境战略，不断地提高环境效益，最终增强企业的长期发展实力。

## 三、企业环境业绩评价的理论基础

### （一）可持续发展理论

随着市场经济环境不断变化，可持续发展的概念与内涵逐渐从不同角度、以不同方式、通过不同途径形成对传统工业企业的经营方式提出挑战，人们也越来越多地认识到将经济和环境协调发展的重要性。因此，企业是否注重环境保护和资源节约日益成为全社会关注的焦点。用可持续发展理念指导现代企业的管理实践，是现代企业经营管理的必然选择。从微观上讲，企业要实现可持续发展，就必须在发展过程中考虑自身发展对环境和资源问题造成的影响，这需要企业家在追逐经济利益最大化的同时充分考虑环境成本和资源成本，并对企业经营活动进行环境资源绩效综合评价。所以，可持续发展理念给现代企业环境绩效评价体系提供了充足的理论依据。

企业经营的可持续发展研究问题是国内管理研究的一个前沿课题，不同学者对其认识和研究也没有形成统一的路径。部分学者从企业本身出发定义企业的可持续发展，即在较长一段时期内，企业通过不断的学习和创新活动，形成了良好的成长机制，提高运行效率，从而获得经济效益的平稳增长和企业规模的不断扩大。还有一部分学者在思考兼顾企业自身长期发展战略保证长期生存的同时，认识到自身与周围的社会环境和自然环境和谐相处的重要意义，这体现了企业对社会责任的考虑和对企业保持长期竞争优势的关注。在“两型社会”建设的背景下，对可持续发展的内涵可以表述为：可持续发展就是企业在保证既符合法律法规又能实现经济增长的前提下，有效地保护环境，开发利用资源，尽量减少资源浪费，降低环境污染，通过走资源节约型、环境友好型发展道路，提升企业的生态资源和环境竞争优势，进而形成长久的、可持续的战略核心地位，实现“长寿企业”的梦想。

### （二）循环经济理论

我国循环经济思想的发展经历了从20世纪90年代的引入到紧跟其后的理论研究热潮和实践的不断深入。与传统经济单一性追求经济利润目标相比，循环经济是一个追求协调发展机制的理论，它强调经济发展与环境保护的统一，抵制两者之间的对立。在生产经营过程中，循环经济的思想一改以往单向化“资源—产品—废物排放”流动模式，建立起“资源—产品—再循环利用”的不断循环和反馈的循环式流程。

我们可以从以下三个角度来理解循环经济理论：

第一，循环经济要求企业以系统的眼光看问题，即把企业自身看作生态系统的一部分，局部在完成企业自身组织目标时要服从于生态和社会整体。在生产经营过程中，不仅要兼顾自身利益，还要从生态社会这个大系统出发，将资源和能源的循环利用贯彻到每一个环节中去，以求在长远的发展中战略性、全面性地减少企业经济活动造成的负面影响，实现企业与生态、与社会的融合。

第二，循环经济要求企业树立循环的价值观。在生产经营创造价值的同时要考虑到生态承载力和环境容纳限度，只有在此基础上，才能做到既保证企业的利益，又不损害社会和生态环境，使企业的发展形成一个良性的循环。

第三，循环经济要求企业用新的生产观管理企业的生产运营，也就是将具有循环性使用的环境和资源指标纳入企业的评价指标中去，对内实现循环经济的激励性，对外树立企业的公众形象，以尽可能少的资源投入，最大限度地节约能源，得到资源能源的循环有效利用。

### （三）利益相关者理论

目前，对利益相关者尚没有形成一个统一的定义，但从其发展历史中我们可以总结出对利益相关者认识的趋势。利益相关者即受企业目标的实现所影响或者能够影响企业目标实现的群体或个人。

由于不同的利益相关者对企业的发展要求和期望收益不同，倘若企业对其各个利益相关者的合理利益和要求不慎重考虑或者没有尽量满足的话，那么企业的可持续发展就会面临一定的阻碍。企业与其利益相关者之间是一种综合性社会契约关系，受这种契约的约束，利益相关者的要求构成了企业对利益相关者的责任，比如企业股东希望得到价值最大化，企业员工希望提高工资，顾客希望得到高品质、高服务的产品，环保部门希望企业有良好的环境业绩，这些都显示出企业对利益相关者负有的经济责任、环境责任、社会责任等多种责任。基于各种责任观的要求，尤其是在国家“两型社会”建设的今天，企业利益相关者对企业的环境业绩要求也越来越高，他们已经意识到在当前的大背景下企业的环境行为带来的长期利益，因此，企业提高环境业绩变得越发重要。企业的管理者应该站在不同利益者的角度上，设计出能有效衡量各类型相关利益者利益的企业环境业绩评价体系，以满足利益相关者的信息需求，便于他们了解企业的经营现状和发展趋势，了解企业当前和未来的管理。

# 第五节　信息时代企业信息化业绩评价

## 一、信息时代企业信息化业绩评价背景和概念

随着互联网的快速发展，家家户户都已经覆盖了网络，以计算机技术和网络技术为代表的新技术革命迅猛发展，给人们的生活和生产带来了巨大的改变，人类社会从工业社会进入“互联网+”影响下的信息社会。作为互联网思维进一步发展的实践果实，“互联网+”推动经济形态不断发生演变，通过激发社会经济实体的生命力，为改革、创新、发展提供了广阔的网络平台。“互联网+”绝非互联网与另一主体的简单相加，而是以信息通信技术及互联网平台为桥梁，将互联网与另一主体进行连接并深度融合，进而创造新的发

展生态。

在互联网的影响下，企业对其商业的运行方式进行了改革，还对企业的内部管理模式等作了进一步的思考，以不断引入信息技术、不断推进企业的信息化建设。其中，企业的业绩评价是需要格外重视的工作。企业可以跟随“互联网+”的步伐，对其业绩评价系统进行创新，找到适合本企业的“互联网+”企业信息化业绩评价模式。

## 二、信息时代企业信息化业绩评价的内涵和特点

“互联网+”企业信息化业绩评价是借助“互联网+”企业信息化业绩评价体系，对企业实施信息化战略的效益进行的客观、公正的综合评判。一方面，“互联网+”企业信息化业绩评价通过把企业的战略目标转化为企业的管理基准，贯穿于企业整个经营决策中，提高企业的信息技术投资回报率；另一方面，通过业绩评价，可以把“互联网+”企业信息化业绩评价结果传递给利益相关者，使利益相关者更加重视挖掘企业信息化价值，从而提高企业信息化效益。

“互联网+”企业信息化绩效是企业的一项战略性活动，最终要与企业战略相对应，保证企业信息化战略价值。因此，企业信息化战略是业绩评价的重点，并且企业业绩评价需要把战略目标转化为具体的衡量指标。

“互联网+”企业信息化绩效是企业信息化管理的一部分，只有与其他活动相结合，企业才能在统一的业绩评价理念指导下，避免企业信息化的盲目投资。

“互联网+”企业信息化业绩评价需要多个利益相关者的参与，并且要注意评价的目的是提高利益相关者对信息化价值的认识，进而采取积极的行动支持和参与企业信息化建设，保证企业信息化实施的效果。

“互联网+”企业信息化业绩评价要以统一的思想和评价目的为指导，建立短、中、长期的阶段性评价标准。

另外，“互联网+”企业信息化业绩评价具有如下特点：

第一，长期性和滞后性。企业信息化是一项长期复杂的工程，建设期一般需要数年，并且其绩效在短期内难以展现出来。因此，在进行“互联网+”企业信息化业绩评价时，要考虑如何反映其长期绩效，为企业信息化发展决策提供有效的支持。

第二，间接性。“互联网+”企业信息化业绩有些可以直接表现出来，有些却只能间接地展现出来。因此，在进行“互联网+”企业信息化业绩评价时要考虑如何揭示信息化带来的间接作用，这种间接投入是否能使信息化投入有效地转化为信息化产出。

第三，广泛性及无形性。企业信息化对企业的影响范围较大，涉及企业的人、财、物、信息等各个方面、各个部门，因此，“互联网+”企业信息化业绩评价具有多维性。要综合评价企业信息化给企业生产、经营、技术、管理等方面带来的影响，不仅要考察财务指标，还要通过产品质量、消费者满意度、市场份额、创新能力等能反映企业经济状况和发展前景的指标来评价，同时还要注意信息化的机会、潜力，特别是其长期的、无形的效益。

第四，扩散性。企业信息化实施的效益不是企业独有的，顾客与供应商等都会从中获益。例如，企业信息化可以提高企业与供应商的信息交换速度、降低企业间的合作经营成本、提高企业协作能力等。而对这些外部效益的考察，增加了企业信息化绩效评价的难度，也使评价的主体不仅涉及组织内部的部门和员工，还包括客户供应商、咨询机构等多个外部主体。

## 三、构建互联网企业业绩评价指标体系的基础

### （一）经济必要性之市场对准确评价互联网企业业绩存在需求

对互联网企业进行业绩评价是经济发展的需求，构建互联网企业业绩评价指标体系具有经济必要性，有利可图，符合成本效益原则。近年来，中国的互联网经济发展迅猛，而身处其中的互联网企业取得的发展也引人注目，互联网企业是推动互联网行业及互联网经济持续发展的坚实力量。由于互联网企业所创造的巨大效益，市场对互联网企业业绩的关注程度日益上升。互联网经济是当前时代的关注热点，互联网企业是受人注目的经济增长点；与之相对应，准确评价互联网企业业绩便成为经济进一步发展的诉求。

### （二）现实必要性之现有业绩评价方法无法体现互联网企业真实业绩水平

单一应用现有业绩评价方法无法体现互联网企业的真实业绩水平，构建互联网企业业绩评价指标体系具有现实必要性。区别于传统企业，互联网企业的特殊之处在于，非财务方面的因素、股东的诉求以及可持续发展能力都是互联网企业在追求良好发展时需要考虑的方面。与互联网企业特征相对应，不局限于财务评价指标、体现股东等利益相关者权益、考虑可持续发展能力的业绩评价方法才能全面反映互联网企业的真实业绩水平。然而，现有的业绩评价方法各有优劣，以会计利润为核心的财务业绩评价方法集中于财务指标，BSC 业绩评价方法的平衡计分卡能够覆盖不同维度，以经济利润为核心的业绩评价方

法的经济增加值则可以体现对股东诉求的考量。也就是说，单一运用现有的业绩评价方法无法同时考虑多个互联网企业业绩影响因素，无法全面反映互联网企业的真实业绩水平。

## 四、构建互联网企业业绩评价指标体系的可行性

### （一）客观可行性之互联网企业业绩的相关原始数据的可得性

与互联网企业业绩相关的原始数据的可得性，是构建互联网企业业绩评价指标体系的客观可行性。“问渠那得清如许，为有源头活水来。”如果与互联网企业业绩相关的原始数据不具备可得性，如果该指标体系的使用者无法收集得到互联网企业的相关信息，那么，即便构建出再科学、再完善的互联网企业业绩评价指标体系，也无用武之地。无论互联网上市企业需要定期披露的财务报表等关键财务数据、互联网企业的其他公开信息，还是互联网企业遭遇的突发事件，甚至包括行业事业和社会公共事件，这些与互联网企业生存发展密切相关的“原始数据”都是公开的。也就是说，与互联网企业业绩相关的信息的可得性是运用这些信息的基础和前提；否则，不具备进行业绩评价的条件。在大数据时代背景之下，尤其是对备受瞩目的互联网企业而言，早已经没有“秘密”。无论财务信息，还是非财务信息，互联网企业都应当进行必要的信息披露。而对于外界的声音，互联网企业也应当进行及时、明晰的解释说明，本着正面的态度去应对相关的询问甚至质疑。互联网企业业绩的相关原始数据资料的可得性，是互联网企业业绩评价指标体系得以构建的客观条件。

### （二）客观可行性之技术条件的可行性

科学的赋权方法和获取原始数据的技术手段是技术条件可行性的具体表现，是构建互联网企业业绩评价指标体系的客观可行性。其一，权重系数是指标体系的重要组成部分，科学的赋权方法是构建互联网企业业绩评价指标体系的过程中不可或缺的工具。不同的赋权方法各有特点，可供选择的具有科学性的赋权方法是构建互联网企业业绩评价指标体系必须具备的客观条件。其二，获取原始数据的技术手段是构建互联网企业业绩评价指标体系的客观条件。不论数据形式还是文本形式的信息，都有可能为反映互联网企业业绩水平作出一定的增量贡献，而快速高效地获取原始数据的技术手段，包括爬虫技术、科学计算工具、数据分析软件以及提供资讯服务的网站等，都能够为互联网企业业绩评价指标体系的构建过程提供实质性帮助。

### （三）客观可行性之人员配备的可行性

与互联网企业业绩评价这一最终目的存在相关性的人员配备，从客观层面而言，是构筑互联网企业业绩评价指标体系的客观可行性。互联网企业通常配备财务工作人员和人力资源工作人员，财务工作人员拥有收集、处理、运用互联网企业业绩评价相关信息的能力，人力资源工作人员的职责范围中也包括对互联网企业的业务及绩效的考核内容。这些人员配备与互联网企业业绩评价的内容是相关的，是互联网企业业绩评价指标体系得以构建的客观条件。

### （四）主观可行性之信息使用者的主观能动性

互联网企业业绩评价的信息使用者拥有对互联网企业进行业绩评价的主观能动性，是构建互联网企业业绩评价指标体系的主观可行性。构建的目的是应用，最终服务于互联网企业业绩评价指标体系的实践应用。互联网经济及互联网行业的发展日渐火热，被吸引而至的人越来越多，而这些对互联网企业业绩评价有需求的信息使用者，具备了应用互联网企业业绩评价指标体系的主观能动性。构建的最终目的是应用，互联网企业业绩评价的信息使用者的主观能动性，是构建互联网企业业绩评价指标体系的主观条件。

# 参考文献

[1] 尹君君，杨迪，唐德淼．现代企业管理［M］．北京：中国商业出版社，2018.
[2] 王关义，刘益，刘彤，等．现代企业管理［M］．北京：清华大学出版社，2018.
[3] 徐彬，朱朝健，刘莉娟．现代企业管理［M］．延吉：延边大学出版社，2018.
[4] 刘珂，陈要立，李卓杰．现代企业管理［M］．北京：经济科学出版社，2018.
[5] 杨国春，贾源善，徐中池．现代企业管理［M］．成都：电子科技大学出版社，2019.
[6] 彭艳，马娅，吴成雨．现代企业管理［M］．南昌：江西高校出版社，2019.
[7] 刘素军．现代企业管理［M］．青岛：中国海洋大学出版社，2019.
[8] 黄顺春．现代企业管理教程［M］．上海：上海财经大学出版社，2019.
[9] 宁凌，唐楚生．现代企业管理［M］．2 版．北京：机械工业出版社，2019.
[10] 郭戆，胡杰林，等．现代企业管理实务［M］．天津：天津大学出版社，2019.
[11] 李雪．现代企业管理创新与实践探究［M］．长春：吉林人民出版社，2019.
[12] 吴拓．现代企业车间管理［M］．北京：机械工业出版社，2019.
[13] 李荣，顾晓良．现代企业预算管理［M］．沈阳：东北财经大学出版社，2019.
[14] 张宛儿，魏国辰．现代物流企业管理［M］．北京：航空工业出版社，2019.
[15] 李益兵，郭钧，郭晨．现代制造企业质量管理方法与实践［M］．武汉：武汉理工大学出版社，2019.
[16] 陈昭清．现代企业人力资源管理研究［M］．北京：中国商务出版社，2019.
[17] 侯君邦，秦敏，孙竹林，等．现代企业管理［M］．北京：中国人民大学出版社，2019.
[18] 谢怀清，冯瑞．现代企业管理［M］．石家庄：河北科学技术出版社，2019.
[19] 陈康．现代企业管理［M］．广州：广东高等教育出版社，2019.
[20] 王俊峰．现代企业管理［M］．2 版．上海：上海财经大学出版社，2019.
[21] 赵钎，赵永君．现代企业管理［M］．4 版．北京：电子工业出版社，2019.
[22] 郭艳蕊，李果．现代财务会计与企业管理［M］．天津：天津科学技术出版社，2020.
[23] 李强．现代企业运营与管理精要［M］．长春：吉林科学技术出版社，2020.

［24］胡娜. 现代企业财务管理与金融创新研究［M］. 长春：吉林人民出版社，2020.
［25］李永林. 现代企业经营管理与团队建设研究［M］. 北京：北京工业大学出版社，2020.
［26］麦文桢，陈高峰，高文成. 现代企业经济管理及信息化发展路径研究［M］. 北京：中国财富出版社，2021.
［27］黄燕萍，王玫. 现代企业管理［M］. 北京：清华大学出版社，2020.
［28］张德良，晁玉方，邹志勇，等. 现代企业管理［M］. 2 版. 北京：清华大学出版社，2020.
［29］张荣胜，林少群. 现代企业管理知识［M］. 2 版. 北京：高等教育出版社，2020.
［30］李旭婧. 现代企业管理与风险控制研究［M］. 长春：吉林教育出版社，2020.
［31］李斌. 社会资本与现代企业管理案例研究［M］. 武汉：武汉大学出版社，2023.
［32］王静坤，王周凯欣，侯云龙. 现代企业管理与人力资源信息化工作［M］. 长春：吉林人民出版社，2020.
［33］李东进，秦勇，陈爽. 现代企业管理：理论、案例与实践微课版［M］. 北京：人民邮电出版社，2020.
［34］贾旭东. 教育部经济管理类核心课程教材现代企业管理［M］. 2 版. 北京：中国人民大学出版社，2020.
［35］相成久. 现代企业经营管理［M］. 北京：中国人民大学出版社，2020.
［36］刘韬，朱艳. 现代企业财务管理［M］. 西安：西北大学出版社，2020.
［37］季辉. 现代企业经营与管理［M］. 5 版. 沈阳：东北财经大学出版社，2020.
［38］韦中华. 现代化国有企业管理［M］. 长春：吉林科学技术出版社，2020.